LA

QUESTION MUSICALE

A BOULOGNE-SUR-MER

QUATRIÈME ESSAI SUR LES INSTITUTIONS POPULAIRES DE MON TEMPS

PAR

Alexandre BOUDIN.

PRIX : 1 FR.

SE TROUVE

CHEZ M. SENÉ, LIBRAIRE, RUE SIBLEQUIN, N° 2.

1867.

LA
QUESTION MUSICALE

A BOULOGNE-SUR-MER

QUATRIÈME ESSAI SUR LES INSTITUTIONS POPULAIRES DE MON TEMPS

PAR

Alexandre BOUDIN.

PRIX : 1 FR.

SE TROUVE

CHEZ LES PRINCIPAUX LIBRAIRES DE LA VILLE.

1867.

AVANT-PROPOS.

Je publie aujourd'hui mon quatrième essai sur les institutions populaires de mon temps. Que le lecteur veuille bien parcourir mes précédentes publications : l'*Essai sur les Orphéons*, l'*Essai sur les Concerts populaires*, ainsi que l'étude locale, *la Question Théâtrale* : il pourra se convaincre qu'elles poursuivent la même idée, qu'elles se complètent les unes les autres et répondent à un dessein bien arrêté.

Ce sont là des croquis de littérature rationnelle. Ils ont pour prétexte l'actualité et pour but final le triomphe des idées nouvelles. Ils défendent les principes libéraux adoptés en théorie, méconnus en explication. Ils sont en même temps des études de mœurs et des exposés de principes. Par la comparaison des faits locaux avec les principes généraux, ils font ressortir les contradictions nombreuses du temps et les résistances que le progrès rencontre dans les mœurs provinciales ; ils tendent ainsi à l'unité morale du pays. Ils indiquent, s'ils ne démontrent pas, la nécessité où nous sommes de rallier la province, les localités, de quelque importance qu'elles soient, et sans égard pour les préjugés qui leur sont particuliers, aux mêmes vues économiques, au même esprit, seul moyen de servir à la fois partout les mêmes intérêts.

Ils sont écrits dans la pensée qu'il vaut mieux s'occuper des choses qui nous touchent directement que de prendre à cœur les problèmes éloignés, les questions mortes, d'un temps écoulé, d'une civilisation disparue ou en train de disparaître. S'ils ne sont pas conformes aux programmes académiques, qui n'admettent de parfaite littérature que la littérature didactique, archéologique, lyrique, épique, allégorique, apologétique, ils ont peut-être le mérite, mince pour les contemplateurs d'un idéal incompréhensible, de viser à l'utilité immédiate, d'être à la fois usuels et théoriques.

Ce n'est pas au moment où l'ennemi est à nos portes, où les mœurs se dissolvent, où les contradictions fourmillent, où la confusion se glisse partout; ce n'est pas quand la réaction aux abois, épuisée, à bout de moyens, menace de compromettre vingt siècles de civilisation plutôt que de céder un pouce de terrain ; ce n'est pas au moment où la tâche des progressistes s'accroît de toutes les difficultés d'une époque de transition, qu'il est sage d'user sa poudre contre les moineaux empaillés de la spéculation vaine des académies. Il va venir un moment où le pays aura besoin de toutes ses forces réparatrices : ce n'est pas dans les cercles académiques qu'il les trouvera.

Nous avons assez comme cela de théorie : il nous manque la pratique. Nous savons bien parler, bien écrire, bien peindre ; nous ne savons pas nous conduire. Nous créons des merveilles de mécanique, nous sommes incapables de créer des hommes ; les caractères nous offusquent ; nous ne pouvons vivre à côté de nos contradicteurs ; nous faisons du libéralisme en parole, nous sommes intolérants en action ; nous mettrions, si cela nous était permis, tous les originaux, tous les libres penseurs, tous les hommes de quelque génie en prison. Nous n'avons de sourire que pour les approbateurs de notre sottise et de nos vices.

Appliquons, appliquons tout notre savoir à l'édification d'une nouvelle humanité !.. Jamais l'urgence n'a été plus grande de se résumer enfin, de se demander où l'on va et ce que l'on veut. Il est temps d'ébrancher les intelligences, de les alléger des notions inutiles, de ménager leur sève. Nous avons plus de fleurs que de fruits, plus d'art que de comfort, plus de hauteur que de largeur, plus d'ambition que de puissance réelle, partant, fort peu de solidité. Nos institutions chancellent, nos âmes s'évaporent, les sociétés menacent de s'éclipser : il est temps de songer au positif.

Qu'au lieu de disserter sur des sujets indifférents aux intérêts du jour, tout écrivain s'occupe seulement de ce qui le frappe autour de lui. Qu'il surgisse partout des partisans disposés à faire la guerre aux abus de toute espèce. Que chaque bourgade, chaque commune ait sa phalange d'écrivains militants. Qu'on en finisse avec la littérature expectante, incapable de produire une œuvre de caractère et d'opérer le moindre bien dans la société : alors on verra la vie renaître de toute part ; les provinces ne sommeilleront plus tandis que Paris veille sans cesse ; alors nous aurons des chefs-d'œuvre, des tableaux de genre ; la vérité sera dite sur l'état moral du pays, et nous aurons des réformes sincères.

L'art n'y perdra rien, il y gagnera un but positif, une fin qui lui manque. Le réel reprendra ses droits, l'idéal s'humanisera, nous toucherons enfin à l'accomplissement de notre révolution tout en faveur du droit, de la justice, de la raison.

Libre à chacun, sans doute, de choisir sa tâche, son

terrain, ses sujets de préoccupation ; mais qu'au moins nous ayons le bon sens de reconnaître que la tâche la plus pressée est celle du présent, que le terrain le plus fécond est celui de l'avenir, et que les plus nobles préoccupations sont celles qui profitent le plus au bien commun. Il m'importe peu de savoir où vécut César, si le despotisme trouve encore pied sur le globe. Que me fait d'apprendre à quelle date remonte tel monument, si d'autres monuments existent encore qui constatent ma servitude ? Que me font les usages d'autrefois, si ceux d'à présent froissent mes instincts, contristent mon âme, annihilent ma conscience ?

Et puis, je ne vois pas quel est le mérite de ces luttes littéraires tant préconisées, où les combattants ne risquent rien de leur personne. Il faut affronter un danger, il faut n'être pas à couvert, il faut essuyer le feu des passions ennemies pour se dire : je lutte ! N'est-il pas risible de voir des vainqueurs qui n'ont jamais combattu que contre des moulins, agréer joyeusement les palmes du succès ? Voudrais-je de ces couronnes qui me rappellent les naïves distributions de prix de ma jeunesse ? Dois-je raisonnablement prendre au sérieux ces suffrages qui n'acclament que les coups d'épée dans l'eau et se refusent obstinément à rendre hommage aux traits portant contre des objets positifs ?

Il est conforme à notre époque d'énervement d'encourager les auteurs négatifs. Il est digne des hommes de la réaction de couvrir d'honneur et de profits les fades apologistes du passé, les louangeurs du présent, les approbateurs des faits accomplis, et de toiser dédaigneusement les contempteurs bien avisés de toutes les autorités vaines. Mais, qu'ils le sachent, en fait de dédain ils n'atteindront jamais la hauteur de ceux-ci : dédaignera bien qui dédaignera le dernier !

CHAPITRE Ier.

RÉFLEXIONS PRÉLIMINAIRES.

L'on a la mauvaise habitude à Boulogne d'apprécier tout essai d'ingérence privée dans les affaires publiques comme un acte d'opposition aux personnes en place, aux personnes représentant l'administration municipale. L'on ne s'imagine pas qu'il puisse entrer dans la pensée des informateurs libres de la chose publique, de lutter contre les principes des pouvoirs établis, et l'on a raison : l'esprit militant ne va pas si loin chez nous ; mais pourquoi ne s'avise-t-on pas de rechercher dans le besoin de progrès particulier aux hommes de l'époque, dans une intention bienveillante aux intérêts publics, dans le désir si simple de réaliser un idéal entrevu par les mieux éclairés, la pensée qui provoque l'information individuelle ? Que Boulogne soit depuis longtemps le théâtre de rivalités de familles se disputant des places honorifiques et une influence aussi éphémère qu'elle est vivement disputée, que son passé pèse sur le présent d'une façon déplorable, qu'il y ait par conséquent dans les mœurs, dans l'esprit public, quelque chose qui s'oppose à la libre expansion des sentiments, voilà qui ne saurait se discuter ; mais que l'on parte de là pour affirmer qu'aucune pensée vraiment libre, pure de toute préoccupation d'intérêt personnel ne puisse s'y manifester, cela manque tout autant de raison que si l'on voulait nier qu'en termes généraux les règles soient sujettes à de nombreuses exceptions.

Il n'est pas douteux que le temps modifie profondément les mœurs locales. L'esprit nouveau tend à effacer des habitudes provinciales ce qu'elles avaient d'exclusif, de mesquin, d'étroit. L'intérêt concret des personnes a subit un échec au profit de l'intérêt abstrait de la société. Des institutions sans nombre, inspirées de l'idée sociale, ont remué les provinces, sans que nous nous en doutions, et jusque dans les plus petits centres, autrefois ravagés par l'esprit de secte, de coterie, par l'esprit de village, l'on voit s'élever tous les jours des hommes de tolérance, au langage humain, à la voix grave, qui parlent sans hésitation de dévouement à la force égoïste et de libéralisme au monde armé du pouvoir.

L'on ne tient pas compte ici de ces réserves. Le prosélytisme généreux est méconnu chez nous. Tout réclamant est suspecté de vues personnelles : c'est un M. Josse que l'on ne veut pas entendre, que l'on juge sans écouter, que l'on renvoie des fins de la plainte en lui riant presque au nez. Qu'il y ait possibilité d'élever la discussion sur le terrain des intérêts du plus grand nombre, on n'examine pas ; l'on ramène tout violemment, fatalement, au vieux cercle des anciennes coutumes, aux proportions des luttes de paroisses, aux indignes procédés de conciergerie ! — N'est-il pas juste de qualifier ainsi ces moyens de critique que nous voyons employer tous les jours ? Que signifie ce silence systématique qui veut paraître imposant, qui n'est que ridicule, et cette licence effrontée avec laquelle on accueille les avis ? Ou vous avez le spectacle d'un badinage sans esprit, ou vous observez le débit des plus plates injures, aussitôt qu'un réclamant s'avance sur la scène publique. N'avons-nous pas vu, dernièrement, ce fait singulier d'un employé d'administration faisant des calembourgs avec le nom d'un citoyen honorable qui réclamait contre quelques négligences selon lui préjudiciables au bien public ? Je regrette de ne pouvoir tout citer, mais on se rappelle ce mot venant de même lieu : « Qu'importe qu'un simple particulier réclame ! » — Ce qui attestait la vérité selon ce criti que que tout le monde connaît, c'était avant tout l'officialité des personnages. — Une autre fois il s'écriait en termes équivalents : « Que veut donc M. X...? Est-il journaliste pour se permettre de discuter les affaires publiques? *Il n'a même pas le tempérament littéraire !*.....

Je tiens à déclarer qu'il ne s'agit pas ici de M. le Maire de la commune, ni de M. l'Adjoint, ni de M. le Curé ; ces personnages sont hors de discussion. Il s'agit de faits qui portent préjudice aux intérêts locaux. Ce qu'on s'est proposé dans cette étude n'a nullement trait aux personnes. L'auteur voit sans envie et sans mécontentement tel cercle l'emporter sur tel autre ; il lui est égal que celui-ci ou celui-là domine, ou soit dominé demain à son tour. Il n'a nullement l'intention de prendre la place de l'un ni de l'autre ; l'essaierait-il, que cela ferait rire toute la ville : l'on peut donc l'en croire, quand il vient dire qu'un travail comme le sien ne comporte aucune idée d'opposition personnelle. Quant à son droit de critique, il en use ; c'est sa manière à lui de l'affirmer.

Mais comme ce qui a lieu indique suffisamment une confusion extrême des rôles de chacun ; comme l'espèce de suspicion qui frappe tout réclamant, vient évidemment de l'oubli des droits de chacun au contrôle des actes publics ; comme enfin il est facile de reconnaître au langage autorisé, approuvé, *récompensé* même des organes de l'administration, des prétentions fort peu en harmonie avec leur position dépendante de la commune, et qu'il y a, par conséquent, plus que jamais nécessité pour chacun de défendre soi-même ses intérêts, ses titres au respect de tous, ses droits inhérents aux devoirs de citoyen lorsqu'il s'agit d'affaires publiques, je rappellerai ces utiles vérités avant toute discussion.

L'idée qui a donné lieu en principe à la création des administrations communales est une idée d'ordre public. La mission spéciale, le but, la raison d'être des administrations, c'est de sauvegarder les intérêts du plus petit jusqu'au plus grand des citoyens de la Commune. Les administrateurs n'ont d'autre devoir que de faire droit aux réclamations de leurs administrés, en tant que ces réclamations s'accordent avec les intérêts de tous.

Ne nous trompons pas sur le caractère essentiel des administrations municipales; elles ne sont rien autre chose que des rouages organisés pour répartir, entre divers canaux, des ressources à elles confiées. Elles distribuent, selon nos besoins particuliers, les économies du travail commun. Ce que nous pouvons faire, ce qui nous demanderait un temps considérable et des connaissances spéciales, ce sont les administrateurs qui sont chargés de l'entreprendre pour nous. Ils sont nos mandataires, nos représentants. Nous leur confions une partie de nos biens, nous leur faisons une position brillante, digne de nous, digne d'eux, nous les élevons bien haut dans la hiérarchie sociale; pourquoi faire? Ce n'est pas pour leur permettre de briller à nos dépens et pour le vain plaisir d'admirer notre ouvrage, c'est pour que nous puissions tout à l'aise développer nos facultés physiques et morales.

Les administrations remplissent dans la vie sociale des fonctions analogues à celles de nos ménagères : elles enregistrent nos actes, entretiennent l'ordre et l'économie publics, surveillent les agents subalternes employés par la commune à divers travaux qui ont toujours notre bien-être pour objet, et dirigent, selon nos vues, l'éducation de nos enfants. Débarrassés par elles de certaines préoccupations, bien sûrs de ne pas être distraits, chacun dans notre profession, par des soins de voierie et de sécurité publique, nous n'avons plus qu'à faire usage de nos forces en vue de produire de grands biens qui constitueront peu à peu la richesse publique.

Les administrations concourent à la prospérité du pays, mais en quoi consiste cette prospérité, si ce n'est en la réalisation du but même que l'on a voulu atteindre en les constituant, si ce n'est notre bien-être et notre satisfaction à tous, sans exception de rang, de classe, de profession, de caractère? — La première satisfaction, dirai-je, le premier signe de bien-être, c'est la jouissance sans conteste du droit de critique qui découle nécessairement de ces principes élémentaires d'économie politique, c'est le contentement de l'esprit libre contrôlant les expressions vivantes de son suffrage libre.

Ceci posé, nous pouvons dire à l'administration municipale de Boulogne, sans plus nous occuper de négations de droit qui ont été relevées plus haut et sans nous écarter en aucune façon des convenances sociales : Il y a des intérêts que vous n'avez pas jusqu'ici assez gardés. La liste serait longue de ceux que vous méconnaissez. Nous pourrions vous en citer, que vous ne soupçonnez même pas. Nous vous révélerons plus tard des besoins qui jusqu'ici n'ont pu obtenir votre attention. Aujourd'hui nous vous dirons seulement : Vous vous êtes trompés souvent quand il s'est agi d'organisation musicale. Cette branche de l'éducation populaire n'a pas reçu jusqu'ici l'empreinte des grands principes sociaux adoptés définitivement par la nation tout entière, et conformes d'ailleurs aux aspirations de la localité. Tout y est dans un désordre, dans une anarchie tels, qu'il vous est impossible d'y porter la main sans faire aussitôt pire que le mal Examinez ce qui se passe. Des institutions se dissolvent : c'était hier une dispersion de société libre, c'est aujourd'hui la démission d'un corps communal : cinquante musiciens formés par vingt années d'études constantes se décident brusquement à une retraite définitive, pour le plus grand nombre au moins. Trois ans d'épreuves ont suffi pour vous démontrer l'impossibilité où vous êtes de constituer un de ces Orphéons populaires, si utiles aux classes laborieuses, que les moindres villes de province possèdent aujourd'hui ; ce que vous avez d'approchant ne ressemble en rien à ce qu'on voit partout ; il se maintient par des sacrifices personnels, il est encore à rallier toutes les sympathies, il végète, un incident le ferait disparaître, de même que votre corps de musique communale. Votre Société Philharmonique offre-t-elle des conditions meilleures d'existence, malgré votre appui officiel, votre subvention, vos louanges de commande ? Ne ressemble-t-elle pas en tout point à votre Orphéon, sauf celui de l'âge ? et cette raison d'ailleurs lui assure-t-elle plus de stabilité ? Ne serait-ce pas ce qui la fait agoniser ? Votre orchestre de symphonie, que vous soutenez indirectement par une subvention théâtrale, n'a pas une meilleure santé. Lui, qui devrait occuper le sommet de vos institutions artistiques musicales, ne suffit pas même à remplir le dernier degré de l'échelle en compagnie de vos amusements divers pendant le flux des étrangers chez vous ; vous êtes obligé de le raffermir par des moyens extraordinaires ; vous l'étayez avec des éléments pris au dehors, recrutés à force d'argent ; vous en êtes même à vous demander si déjà il ne serait pas bon de prendre tout-à-fait le deuil de vos moyens locaux. Et votre Ecole communale de musique ? Comptez combien d'élèves il en sort, combien elle en reçoit ; défalquez le premier nombre du deuxième ; calculez combien depuis trente ans vous avez dépensé d'argent pour arriver au résultat actuel ; voyez à combien de mille francs vous revient cette redoutable armée de lecteurs musiciens qui fuient quand vous les appelez et qu'on cherche en vain à rallier sous le drapeau communal de vos institutions artistiques.

Enfin, cela est clair, vous dépensez tous les ans — je vous prouverai l'exactitude du chiffre — vous dépensez SOIXANTE-ET-UN MILLE TROIS CENTS FRANCS sans bénéfice aucun pour l'art musical !

Il y a bien d'autres signes du temps que vous n'apercevez pas. C'est l'abstention des plus éclairés, c'est le silence de la critique compétente, c'est la niaiserie des feuilletons spéciaux, c'est l'emploi outré (signe d'impuissance écrasant !) des éloges en matière de publicité. Et ces réclamations sourdes, et cette attitude hostile de la plupart, et ces jalousies, ces rivalités, ces luttes personnelles de plus en plus âcres, persistantes, enfiellées, n'est-ce rien ? N'est-ce rien non plus que ce dépeuplement des salons artistiques, ces émigrations des talents locaux, cette obéissance aux appels du dehors, cette centralisation fatale sur un même point, Paris ? — Ils s'en vont vos hommes d'élite, ils s'en vont sans regret, il s'en vont même avec empressement, et quand ils sont partis, demandez leur s'ils reviendront ! Il s'en faut bien qu'ils songent à revenir ; quand ils parlent de leur pays, l'on dirait qu'il s'agit pour eux d'un mauvais rêve, d'un souvenir qu'il faut effacer. — Le foyer ? la famille ? les amis ?... Ah ! bien oui !... Famille, amis, foyer, soit encore ; mais le pays !...

Et pourquoi le professorat tombe-t-il en dérision, pourquoi n'est-il plus à la hauteur des anciens jours, pourquoi est-il devenu exclusivement industriel, c'est-à-dire une chose qui se traite pour le boire et le manger. Pourquoi aussi le goût public est-il si faux qu'il ne vous éclaire pas vous-mêmes sur les créations dépourvues de sens que vous imaginez et sur le mérite vrai de ceux que vous caressez particulièrement? Voilà bien des questions, n'est-ce pas? Ne croyez pas qu'elles ne soient pas de votre ressort. Tous les faits qui se produisent de par votre volonté et qui dépendent de votre surveillance sont des faits parfaitement appréciables par vous. Une chose vous manque, c'est l'avis des hommes désintéressés, des citoyens indépendants qui ne peuvent vous tromper, qui n'y ont rien à gagner ; c'est l'expérience des hommes spéciaux. Vous jugerez sur ce qui va suivre, s'il vous est possible d'accorder votre confiance à l'un d'eux.

La question musicale n'est pas née d'hier; elle ne dépend pas de telle ou telle disposition récente; elle n'a que de faibles rapports avec les intérêts professionnels aujourd'hui en rivalité ; ce n'est pas une machine de guerre inventée par moi; elle est née des événements successifs de l'époque, de la rouille des institutions, des méprises nombreuses auxquelles donne lieu l'introduction dans la société en général de nouveaux principes d'organisation. On se méprendrait étrangement si on lui donnait une autre origine. Elle se reproduit du reste partout avec des variantes particulières aux diverses localités ; elle a partout les mêmes conséquences ; elle a aussi partout les mêmes hommes lui cherchant une solution, les hommes du progrès.

Nos droits de critique établis, affirmés plutôt, le rôle de chacun défini, la situation posée dans son vrai jour, il ne nous reste plus à éclairer le lecteur sur les principes qui serviront de base à nos appréciations ; nous discuterons de suite les différents points de la question.

CHAPITRE II.

L'ÉCOLE COMMUNALE DE MUSIQUE.

Nous commencerons notre étude des différentes institutions musicales de Boulogne par l'Ecole communale. Nous verrons dans quelle mesure chacune de ces institutions contribue au bien-être du pays, nous apprécierons d'après les services qu'elles rendent à la Commune, l'intelligence des secours qu'elles en reçoivent. Une somme énorme est dépensée tous les ans pour l'entretien de ces institutions. L'art musical coûte trois fois plus à la ville que tous les autres arts réunis. La commune de Boulogne fait plus de sacrifices pour la propagation du goût musical que s'il s'agissait d'un intérêt de première nécessité, de l'instruction élémentaire, par exemple. Boulogne est l'arrondissement du Pas-de-Calais le plus arriéré quant à l'instruction populaire ; il est peut-être le premier des arrondissements de France, quant aux dépenses musicales. Mais comment ses dépenses sont-elles faites ? Quels résultats en tire-t-on ? Où est le progrès accompli depuis trente ans ? Quelle promesse d'avenir le présent nous offre-t-il ?

Que l'arrondissement de Boulogne néglige son instruction populaire et s'attache surtout à produire des musiciens, nous n'avons pas à discuter cette ligne de conduite. Boulogne est-il dans le vrai, se trompe-t-il sur ses propres besoins? Nous n'examinerons pas aujourd'hui cette question. Les connaissances artistiques en tous cas ne sauraient nuire au peuple. L'on peut hardiment l'initier aux secrets de la musique. Si l'on transforme son organisme anti-musical par une éducation énergiquement dirigée, tant mieux. Je voudrais voir demain tous les Boulonnais capables de discerner un son faux d'un son juste. Mais encore faut-il que sur cette donnée l'on puisse au moins compter sur quelque chose d'équivalent aux sacrifices accomplis. Toute mise de fond qui ne rapporte pas un intérêt rationnel est un argent mal placé ; toute opération qui ne donne que des intérêts négatifs est une opération nulle. Comme il s'agit ici d'une question économique, de l'argent des contribuables, des revenus de l'impôt, du produit le plus clair du travail, d'une partie relativement considérable des ressources communes, il n'est pas indifférent que l'on sache, en définitive, de quelle façon opèrent nos répartiteurs municipaux, quels principes administratifs ils mettent en pratique. Encore une fois quel est le résultat obtenu en musique ?

Mais d'abord, entendons-nous sur le but à poursuivre. Pourquoi une école communale d'enseignement gratuit de musique? Je cherche la pensée des fondateurs de cette institution. Je veux m'assurer si elle est digne d'une réalisation laborieuse, si elle est vraiment populaire, si elle est inspirée de sentiments démocratiques. Elle coûte annuellement à la commune 8,000 fr. Je le répète, rend-elle des services en raison de ses frais d'entretien ?

Je ne me trompe pas en assurant que l'école de musique était à sa fondation de destination populaire. Elle date d'une époque où l'on ne faisait guère de popularisme platonique. On ne déclamait que fort peu sur la liberté, on avait en horreur l'égalité, on entendait mal le principe de solidarité ; la bourgeoisie régnait et gouvernait; qui dit bourgeoisie, dit égoïsme. Cependant on songeait déjà sérieusement alors à améliorer l'état moral des masses. C'est de cette époque remplie de journées néfastes pour la démocratie que datent la plupart de nos institutions populaires. En même temps que l'on fusillait dans les rues de Paris et de Lyon les ouvriers sans travail, on décrétait des lois généreuses sur l'instruction primaire, on élargissait le droit de réunion, sans lequel les sociétés musicales elles-mêmes, ces inoffensives associations ne sauraient vivre longtemps. C'est au milieu de cette société remplie de contradictions, mais violemment agitée du désir de progresser, que nos écoles de musique prirent naissance. Elles jaillirent de la nécessité, évidente pour la génération qui nous précéda, d'améliorer les travailleurs, afin d'obtenir un travail plus parfait. Elle est le résultat d'idées économiques plutôt que philantropiques. Elle est le produit d'un calcul et non d'une effusion sentimentale. On y sent la politique d'une classe se précautionnant contre les éventualités d'une lutte avec les agents premiers de production. On y découvre une intention d'apaisement qui devait tourner à l'avantage des classes initiatrices et des classes initiées. La fondation des écoles d'enseignement artistique gratuit fut une concession de la bourgeoisie orléaniste, une concession aux classes ouvrières.

Mais laissons de côté les intentions qui présidèrent secrètement à la création de ces institutions bienfaisantes. Elles tendent à inculquer les notions du beau dans les masses; elles épurent le sens esthétique des classes laborieuses; elles rapprochent les intelligences, les nivellent, leur permettent de se comprendre à tous les degrés de l'échelle sociale; elles préparent l'éclosion d'une société vraiment démocratique; elles soulèvent d'en bas des milliers d'âmes affaissées dans la nuit : qu'importe leur origine ! Nous pouvons les acclamer. Elles servent à notre bien-être, elles contribuent à la réalisation de nos rêves égalitaires. On n'en pourrait pas dire autant de toutes les créations démocratiques récentes.

Ainsi, le doute n'est plus permis pour nous; le but entrevu par les fondateurs de notre école de musique est un but essentiellement moral. Il suffit du simple bon sens pour le découvrir; mais l'on peut n'être pas intéressé à le chercher, l'on peut aussi ne demander pas mieux que de l'oublier.

Voyons comment le public interprète la pensée de l'école; voyons si la Commune elle-même n'a pas perdu l'intelligence juste de cette création toute morale, toute civilisatrice, toute populaire; voyons si l'on ne dénature pas le caractère de cette institution, si elle est dirigée en conséquence de son utilité première, de sa destination primitive.

J'entends dire tous les jours par certains pères de famille : Mettons nos enfants à l'école communale de musique ; l'art musical est d'un excellent rapport à Boulogne, le métier de professeur est lucratif ; si le bon Dieu veut que nos enfants aient des aptitudes musicales, nous en ferons quelque chose. Et l'on pousse la marmaille sur les bancs des classes de solfége, et l'on martèle à froid les jeunes intelligences pour en faire des musiciens, et l'on corrige d'importance les récalcitrants. Voilà comment le public entend l'école.—Pourquoi montre-t-on moins de sollicitude pour l'enseignement du dessin ? Qui s'avise de songer qu'on n'improvise pas plus des artistes musiciens que des dessinateurs, qu'il faut naître avec une organisation spéciale pour embrasser avec fruit une carrière artistique ? Et comment se fait-il qu'une population aussi pauvrement douée de l'intelligence musicale, que la population boulonnaise, soit précisément la plus engouée de musique ?

L'on compte chez nous plus de deux cents élèves à l'école de musique communale (¹). Je mets au défi les professeurs de cette école, de justifier raisonnablement ce chiffre d'élèves. Sur quarante mille habitants, il s'en trouve à peine un cent qui puissent formuler une opinion sur la valeur des notes à la portée, dans une phrase musicale, et discerner la logique d'une simple composition harmonique. Comment se fait-il donc que la nouvelle génération produise à elle seule le double de musiciens que toutes les générations précédentes ensemble ?

C'est que nos professeurs accueillent indistinctement tous les élèves qui se présentent à l'école communale ; c'est qu'ils font trop de cas du nombre ; c'est qu'ils prennent trop au pied de la

---

(1) Chiffre officiel publié par *l'Impartial*.

lettre qu'il faut répandre les notions musicales. Ils encouragent les parents qui spéculent sur les largesses de l'enseignement gratuit. Ils autorisent par leur attitude facile, les calculs intéressés des pères de famille aveuglés par le semblant de prospérité dont jouissent nos professeurs. Ils oublient ce principe que nous venons d'établir : c'est que l'enseignement gratuit n'a pas été offert au peuple pour se créer quelques ressources pécuniaires en plus, mais bien pour élever ses goûts intellectuels.

Que l'on donne indistinctement à tous les premières notions de musique, comme l'on donne, d'autre part, les premières notions de dessin, soit ; mais qu'il soit enfin arrêté qu'au delà des classes de solfége supérieur, tout individu qui voudra se perfectionner dans l'art musical s'adresse à l'enseignement libre. Avons-nous une école de peinture et de sculpture superposée à l'école de dessin ? Pourquoi donc nous mettons-nous en quatre pour fournir à l'enseignement gratuit communal des classes en quelque sorte professorales d'instruments ?

Nous touchons ici à un point fort délicat de la question musicale. Revenons à nos origines. D'abord on institua une école de chant. Il n'y eut au début de l'école de musique que deux classes, c'est-à-dire l'absolu nécessaire. Peu à peu l'on augmenta l'importance de l'enseignement gratuit ; on y ajouta une troisième, une quatrième, une cinquième, une sixième classe, graduellement ; l'année dernière vit éclore la septième classe au profit de M. Panis, artiste nouvellement débarqué à Boulogne. Maintenant on enseigne aux frais de la Commune : le violon, le violoncelle, la contre-basse, le hautbois, les instruments de cuivre. L'art choral a sa classe particulière ainsi que le solfége élémentaire et le solfége supérieur.—Il n'existe pas de ville en France qui soit aussi bien dotée que la nôtre sous le rapport de l'enseignement gratuit musical. Un grand nombre de communes considérables, telles qu'Amiens, Lille, Roubaix, Rouen, n'ont même pas d'école de musique populaire. La musique élémentaire s'enseigne dans les écoles primaires. Chacun est obligé pour s'instruire de s'adresser au professorat libre. Mais ces villes ont pour la plupart un conservatoire de musique, où sont élevés *gratis* les jeunes gens véritablement organisés pour la culture sérieuse de l'art musical. Il en résulte une chose : c'est que les notions principales de la musique sont tout autant répandues dans ces villes que chez nous parmi le peuple, mais qu'elles comptent aussi beaucoup moins que nous de médiocrités, de talents superficiels, de musiciens pour rire. Le professorat y est sérieux, les nullités besogneuses y sont rares, le public n'y est pas exploité par une multitude de plaisantins musicaux plus affamés de clientèle que d'art et de dignité professionnelle. Tel est le résultat que l'on obtient dans les villes que nous venons de citer, avec une organisation des plus simples et très-peu coûteuse.

Comment se fait-il que nous ne soyons pas au courant de ces faits ? Pourquoi avons-nous multiplié à plaisir les souffleurs d'instruments, les frappeurs de pianos et les coureurs de cachets ? Comment expliquera-t-on qu'on rencontre chez nous un fort petit nombre d'amateurs éclairés et un nombre si grand de professeurs ignorants ? Justement, parce que nous avons prodigué en menue monnaie l'instruction musicale supérieure, parce que nous avons perdu de vue le but purement moral de notre institution gratuite et populaire. Si les pères de famille spéculent sur les ressources de l'école communale de musique, c'est notre faute. Si l'on y reçoit en foule tous les élèves qui se présentent, c'est encore notre faute. C'est également à nous-mêmes qu'il faut nous en prendre s'il sort de notre école tant de professeurs aussi suffisants, aussi infatués de leur petit mérite qu'imparfaits musiciens.

Expliquons comment nous avons été amenés à suivre cette voie.

Boulogne regorge d'étrangers tous les ans pendant la saison des bains ; il faut amuser ces étrangers afin de les retenir le plus longtemps possible : ils font vivre une foule d'industries. Quoi de plus amusant que la musique ? Il faut donc faire de la musique ? Mais pour en faire il faut des musiciens. Où les prendre ? On n'en trouve jamais assez, d'autant plus qu'on n'a jamais assez de musique. Du moins est-ce la pensée de nos administrateurs depuis qu'ils raisonnent en lieu et place de leurs administrés.

L'idée de la qualité musicale ne vient pas à tout le monde, surtout quand on appartient, ai-je dit, à une population réputée d'un goût faux en musique ; l'on a donc, à défaut de mieux, l'idée de la quantité. Alors on s'adresse à l'école communale, on lui demande plus qu'elle ne peut produire raisonnablement, et pour satisfaire aux besoins d'une situation fausse que l'on s'était créée en spéculant avec les deniers du contribuable et raisonnant pour eux, on ouvre toutes grandes les écluses de cette école, on lui adjoint des annexes en quantité, jusqu'à lui donner en apparence les proportions colossales d'un établissement de premier ordre.

Pourquoi s'être tant pressé? Il y avait à Boulogne un champ vaste à explorer. La ville offrait des ressources considérables. On aurait pu à la fois avoir un enseignement élémentaire des plus larges et une école supérieure capable de former des professeurs dignes de la confiance du public et de l'admiration des étrangers. On eût fait moins de musique, mais on en eût fait de meilleure, et ce qui arrive aujourd'hui n'aurait pas lieu, nous n'aurions pas sur les bras une question musicale difficile à résoudre.

La ville de Plaisance, cette ville qui fait tant rêver nos administrateurs municipaux, nous a joué plus d'un mauvais tour. Nous avons voulu la constituer avec tout un cortége d'institutions destinées à la desservir. Nous avons oublié pour elle les intérêts de la ville de Travail. Nous nous sommes imaginé qu'il y avait deux communes dans la Commune, deux communes avec leurs intérêts distincts, deux communes que l'on pouvait mettre d'accord cependant, et nous nous sommes trompés. Nous compterons plus tard ce que notre erreur nous a coûté. Nous calculerons combien rapportent aux contribuables les quatre ou cinq millions immobilisés depuis tant d'années avec un revenu chimérique.— Ce n'est pas le moment de faire ce calcul. Disons seulement que l'influence du système en vigueur a été pernicieuse pour l'art musical à Boulogne. Si la ville de Plaisance fait vivre une quantité innombrable de musiciens, elle n'est d'aucun avantage pour les meilleurs d'entre eux. Or, l'art musical n'est représenté, n'est conservé que par ces derniers ; les autres en sont les destructeurs.

Il est si bien vrai que nous n'envisageons l'école de musique que comme une pépinière de musiciens nécessaires à notre ville de bains, qu'il n'est venu jusqu'ici à la pensée d'aucun de nous de nous enquérir du plus sûr moyen de propager l'art musical jusqu'au sein des familles. Nous n'avons pas de classe de musique pour les filles. Des enfants des ouvriers, les enfants mâles seulement excitent notre sollicitude ; les filles n'obtiennent que fort peu notre attention. Mais si nous voulons sincèrement que notre école profite aux masses, pourquoi n'y pas recevoir les filles tout comme les garçons ? Mieux que nous les femmes savent chanter. Elles sont bien plus capables que les hommes de propager le goût musical ; elles sont mieux organisées que nous. Elles charmeraient notre intérieur, elles égaieraient nos ateliers, elles auraient un moyen de plus de nous consoler et de se faire aimer, si nous les instruisions suffisamment. Ce serait magnifique de voir l'art moralisateur par excellence répandu par les soins de nos compagnes. J'aimerais voir nos ménagères en tablier de cuisine rivaliser avec les pianoteuses musquées des salons, et en revendre à celles-ci sur le solfége.

Mais, je l'ai dit, l'institution est détournée de son but, elle a perdu son caractère primitif. L'impression est générale, la pensée directrice est ainsi interprétée partout ; du reste, le but nouveau est suffisamment accusé. L'on ne considère plus l'école que comme une espèce d'institution normale propre à former des exécutants, nécessaires à la Commune transformée en spéculateur industriel des plaisirs publics, en un mot, à la ville de Plaisance. L'école est une usine musicale, on y fabrique des instruments automatiques d'orchestre. La matière musicale étant beaucoup demandée, on la prépare à l'école. Les pères de famille le savent bien ; ils n'y voient qu'un atelier d'apprentissage pour leurs enfants, et l'art musical tend à devenir pour tous une branche d'industrie, un métier.— Je dis qu'un idéal de cette nature n'est pas propre à former des artistes, qu'il tourne directement contre l'art, contre le but à poursuivre. Je dis qu'une telle façon de voir suffit pour arrêter l'impulsion que l'on a voulu donner aux masses. S'il sort de là quelques talents remarquables, il faudra l'attribuer aux caprices de la nature, aux coïncidences de certaines organisations individuelles toutes spéciales, avec des vues qui ne sauraient les faire naître, mais les aider à se developper dans une certaine mesure. Encore, ces organisations ne se développeront-elles que dans un sens étroit et vicieux. Dans un milieu éducateur si peu propre aux élans spontanés, aux aspirations généreuses, il ne peut se produire que de secs praticiens, jamais des artistes. C'est si bien la vérité, qu'on ne compte pas trois *musiciens* capables sortis de notre école depuis quinze ans. Avant l'inauguration du système actuel d'éducation musicale, on avait pu se consoler des sacrifices faits en faveur de l'art, en voyant surgir quelques hommes d'élite du sein des classes ouvrières ; les contribuables n'ont pas aujourd'hui cette satisfaction d'avoir aidé indirectement à l'éclosion de quelques artistes de mérite.

Je sais bien qu'on a fait tout récemment beaucoup de bruit dans les journaux à propos de jeunes exécutants sortis de notre école. Je ne veux pas profiter de la faiblesse des nouveaux-venus. Les talents acclamés dès leur matin par la publicité me sont suspects. J'en ai vu comme cela monter des centaines jusqu'au faîte de notre clocher ; où sont-ils à présent ? J'ai été un peu journaliste à mon tour, j'ai pu observer comment on pratiquait de toute part l'achalandage professionnel et ce que les écrivains sont obligés de subir de pression s'ils veulent se faire tolérer du public sollicitant. L'on acquiert trop souvent des recommandations auprès d'eux en exploitant toutes les complaisances, y compris les leurs, qui ne sont pas des moins nombreuses. Je sais les misérables concessions que leur état, précaire dans les villes peu importantes, les force à consentir. C'est dans leurs bureaux, un échange continuel d'aumônes de pauvre à pauvre. Celui-ci déjecte sur leur papier les sentimentalités d'un cocher sans place : il n'a pas de chance, les temps sont durs, la concurrence est effrénée, on a des envieux, l'indifférence publique est au comble, il faut user de tout pour vivre. Celui-là vaut l'autre : il rappelle ses alliances, ses accointances, ses cousinages à plusieurs degrés ; un personnage influent le connaît, il peut dire un mot à certain conseiller municipal très-bien vu du Maire ; un coup d'épaule ne saurait lui manquer tôt ou tard, mais... il a besoin que tout d'abord son nom paraisse dans un journal.

Comme les jeunes gens dont il est ici question ne me semblent pas avoir usé d'autres moyens jusqu'ici, je puis dire qu'ils ne constituent nullement une preuve sérieuse contre mon opinion sur l'enseignement communal. Ils prouvent au contraire la stérilité de cet enseignement même dans son état actuel. Les peines que l'on se donne pour les produire, le grand bruit que l'on fait autour d'eux, le soin que l'on met à instruire le public qu'on les à vus tel jour à Marquise dans un concert orphéonique, qu'il sont descendus à Samer et sont apparus aux habitants de Desvres tel autre jour, toutes ces menées de complicité avec les professeurs de l'école, nous instruisent de la faiblesse de nos héros. On ne les aurait pas entendus, qu'ils seraient jugés sur leurs essais de conc rrence à la moutarde Didier.

Non, ce n'est pas là ce que nous attendons des élèves de l'école. S'ils n'ont à nous offrir que des certificats de ce genre, nous demanderons de plus en plus à quoi sert notre enseignement gratuit ? — On n'essaiera pas, je suppose, de nous citer tel artiste boulonnais que nous avons entendu, il y a deux ans, dans un concert organisé à ses frais ; il a été élevé en dehors de l'école, bien qu'il y ait pris quelques leçons de son père.

L'on s'explique difficilement la complicité des professeurs dans les faits qui viennent d'être signalés. A qui en font-ils accroire ? La foule des élèves sortis de l'école après des années de leçons inutiles, la multitude des incapacités qu'elle a produites, incapacités si grandes, si nombreuses, qu'il est impossible à nos sociétés populaires de se recruter dans les masses ; l'inanité enfin de leurs efforts ne révèle que trop l'impuissance du système. Ne savons-nous pas à quoi nous en tenir sur l'école, nous qui en sortons ? Est-ce à ceux-là qui y passèrent de longues années sans y avoir pu apprendre seulement à solfier une romance, qu'on persuadera qu'il n'est rien d'efficace comme l'enseignement actuel ? Et les pères de famille instruits par l'expérience des leurs, que peuvent-ils penser des hâbleries du journalisme à propos de l'école ? Du reste, nous en appelons au bon sens public, à ceux mêmes qui n'ont pu observer aucun fait relatif à l'école de musique. Peut-on apprendre un art aussi difficile que la musique en prenant trois leçons par semaine, et surtout en compagnie d'une foule d'élèves qui se distraient les uns les autres ? Peut-on devenir instrumentiste sérieux en fréquentant un cours une heure au plus de temps à autre ? Il est des élèves de l'école qui n'ont même pas chacun un quart d'heure de leçon par séance.

Nos professeurs tiennent peut-être à persuader nos administrateurs seulement qu'ils sont dans le vrai. C'est à leur intention qu'ils font tant de dépenses d'encre et de papier imprimé. Mais ceux-ci sont convaincus avant l'épreuve. Ce n'est pas la peine de tant se multiplier. Ils sont gagnés d'avance à la cause des professeurs, puisque cette cause est la leur, puisqu'ils sont juges et parties, puisque le système est leur œuvre. Pourquoi donc se blâmeraient-ils eux-mêmes ?

Les professeurs sont bien bons de s'émouvoir. Il n'est pas tant besoin de frais de réclame. Ce ne sont pas eux qui ont créé la situation, ce n'est pas sur eux que peut retomber la responsabilité des faits imputés à l'école. C'est naïveté à eux, qui reçoivent l'impulsion et ne l'impriment nullement, de vouloir défendre le mouvement auquel ils obéissent par état. Ils ne sont que des contre-maîtres dans l'entreprise industrielle de l'école ; qu'ils attendent avec calme l'effet que produiront le temps et la réflexion sur l'esprit de leur chefs d'usine.

Les professeurs n'ont même aucun intérêt, si petit qu'il soit, à ce que l'organisation actuelle soit maintenue. Un seul, le Directeur de l'école, a peut-être quelques raisons de craindre une réforme dans un sens rationnel. Cependant non. Si l'on supprimait *les cours par masses*, si l'on abandonnait l'idée des *classes instrumentales*, si l'on créait pour les remplacer un enseignement plus élevé, exclusif, journalier, sincèrement professionnel, sur le modèle des conservatoires, ne faudrait-il pas également un directeur, des professeurs ? Ceux-ci n'auraient-ils pas moins de peine ? Et le désagrément de se voir supplanter en ville par des élèves imparfaits sortis de leurs mains, ne leur serait-il pas évité ? Si les nouveaux venus étaient plus redoutables, ils seraient aussi moins nombreux. Et puis, ne vaut-il pas mieux lutter contre des adversaires dignes de soi, que contre une fourmillière terrible seulement par le nombre. On ne peut pas toujours écraser les insectes. Ils ont très-souvent raison du plus fort.

Il y a peut-être une raison toute morale qui excuse et qui explique à la fois l'adhésion de notre professorat officiel à l'organisation d'aujourd'hui, c'est qu'il émane directement de l'autorité municipale, c'est qu'il est l'élu de son choix, c'est qu'il en est l'expression, c'est qu'il en représente exactement la pensée. — Je prie le lecteur de ne pas laisser échapper ce point important de la question musicale. Il y a là tout un principe avec ses conséquences logiques. Dans cette question, du reste, tout se tient, tout découle de règles discutables, tout vient d'une application systématique d'idées fondamentales.

Dans les villes aux prétentions libérales et en tous points avancées en civilisation, il est d'usage que le professorat communal ressorte du jugement de ses pairs ; c'est-à-dire que, s'il s'agit d'un emploi à l'enseignement artistique, les postulants à cet emploi n'ont à subir d'autre examen que celui des artistes. Ainsi le veut l'intérêt public, ainsi l'exige la morale. Il n'y a de sécurité dans l'enseignement, il n'y a de garantie pour l'intérêt communal qu'à cette condition. La morale y trouve sa part, en ce sens qu'il est impossible de sauvegarder mieux l'indépendance de chacun que par ce moyen. On va du reste en juger.

Les choses ne se passent pas tout-à-fait de même ici que dans les autres villes provinciales de quelque importance. Du moment où il s'agit d'emplois municipaux, M. le Maire de Boulogne ne distingue pas si l'emploi vacant ressort de ces attributions spéciales ou de l'opinion compétente, si cet emploi exige des capacités d'un jugement difficile ou si pour le tenir il suffit de posséder des connaissances aisément appréciables du public ; il choisit, il nomme qui il veut. Artistes, employés, architectes, ouvriers de ville, agents de police, tous dépendent de son tribunal, dès qu'il s'agit de places municipales. Qu'un commis de bureau ou un surveillant de la voierie reçoive sa nomination du Maire de la commune, c'est tout simple. Rien de mieux encore que les capacités d'un directeur de halle au poisson soient jugées par lui ; la chose publique ne saurait beaucoup souffrir des erreurs qu'il pourrait commettre en ce cas. De même, s'il s'agit de quelque perception d'octroi. Dès qu'il n'est question que de remplir certaines conditions de moralité et d'instruction courante, le Maire de la commune est compétent comme vous et moi qui savons ce que le mot *moralité* comporte d'obligations, et qui nous sommes donné la peine de poursuivre la science au moins jusqu'en quatrième. Mais M. le Maire est-il aussi compétent pour juger des connaissances spéciales d'un candidat à l'enseignement artistique ? Est-il artiste parce qu'il est maire. Et l'enseignement en général doit-il être remis au soin particulier d'un magistrat municipal, politique ou non, issu de l'autorité supérieure ou du suffrage universel ? Le personnel de l'enseignement universitaire n'est pas pour rien choisi par l'université ; l'enseignement primaire municipal dépend du même corps. Mais comme il n'y a pas de corps artistique officiel, partout où l'enseignement de l'art est quelque peu développé, on s'en réfère du choix des professeurs artistes, non pas au Maire de la commune, mais à un jury spécial. Telle est la règle pour ainsi dire universelle.

Le Maire croit-il devoir suppléer de son autorité privée à ce genre de garantie ? Tant mieux alors s'il est éclairé, s'il est un critique sûr, s'il a souci des principes de l'art et des exigences du professorat artistique. Tant mieux encore s'il prise les caractères sérieux, s'il a en horreur les hommes trop flexibles, s'il leur dénie pour ce seul fait une intelligence supérieure, et s'il voit chez l'artiste l'indice d'une nature d'élite dans le dédain qu'il affiche de la complaisance mondaine habituellement protectrice du vulgaire. Tant mieux si son esprit accueille mal les notoriétés de la camaraderie, les autorités recommandées de la main à la main, les réputations de passe-passe. Tant pis, mille fois tant pis, s'il ne réunit pas toutes ces qualités ; car une seule lui manquant, il commettra inévitablement des erreurs préjudiciables aux intérêts les plus sérieux de la Commune, en introduisant dans l'enseignement des agents infidèles ou incapables, des obstacles vivants à toute espèce de progrès.

L'on avait autrefois à Boulogne l'excellente coutume de soumettre au concours les emplois de professeur à l'École de musique. Je l'ai dit, cela se fait dans toutes les villes libérales. Les maires libéraux font peu de cas des prérogatives trop étendues ; ils savent qu'en faisant du favoritisme l'on assume sur soi toutes les fautes que peuvent commettre les subalternes ; ils tiennent peu à nommer leurs créatures aux emplois municipaux ; ils savent qu'il n'y a rien à attendre des élus du privilége, et que si le favoritisme engraisse quelques individus de l'espèce ingrate, ce n'est pas sur ces molles et vulgaires énergies que l'on peut s'appuyer en cas de revers. Et d'ailleurs, dans les temps difficiles, sur quel autre appui doit-on compter que sur celui de l'opinion ?

Il est une autre considération qui recommande à l'attention des maires l'usage des concours, surtout en matière d'enseignement : c'est que l'enseignement doit être entouré du prestige de la liberté, de l'impartiale justice, des droits du talent incontesté. Autant il y a peu de sécurité pour les familles à constituer sur le principe du privilége et du bon plaisir municipal l'élection du professorat, autant on abaisse celui-ci aux yeux de la jeunesse scolaire en le faisant procéder d'une telle source. Un professeur élu au choix du maire est loin d'avoir la même autorité sur l'esprit de ses élèves qu'un professeur émanant du concours libre. La dignité du professorat veut qu'on maintienne partout cet ancien mode d'élection. On le rétablira chez nous si l'on tient compte des considérations qui précèdent.

Il me reste à dire quelques mots sur les moyens de contrôle dont dispose la commune pour s'assurer de la bonne direction de l'école. Nous connaissons maintenant l'esprit qui domine dans cette institution, nous en saisissons le but ostensible, nous voyons parfaitement ce qu'on en veut faire; mais comment s'assure-t-on de l'exécution du programme tracé par nos administrateurs municipaux ?

On a imaginé à cet effet une commission spéciale, composée *en partie* de conseillers municipaux, en partie de membres de la Société Philharmonique. On ne s'en est pas rapporté entièrement pour la direction de l'école à son directeur en titre, on a mis ce dernier sous la surveillance d'un corps particulier. C'est peut-être un excès de gouverne. Les excès mêmes de surveillance ne sont pas toujours opportuns. On peut se demander à quoi sert un directeur qui ne dirige qu'en sous-œuvre, et, si l'on observe que le directeur actuel est aussi professeur, tenant une classe des plus importantes, c'est-à-dire dans la même situation que ceux qu'il dirige, on s'étonne d'une complication de rouage au moins inutile. Les contribuables ne tiennent pas tant que cela à la création de titres rétribués grassement. Les sinécures ne sont plus de notre temps. J'insiste sur ce raisonnement. Si l'on peut faire une économie de quelques centaines de francs, on aurait tort de la négliger. Il n'y a pas de petites économies, surtout quand il s'agit des deniers publics. La question est simple : un professeur enseignant peut-il être directeur ? un directeur peut-il tenir une classe importante ? Si oui, la nécessité d'une commission ne s'explique pas, le directeur n'a pas besoin d'être dirigé ; si non, le maintien d'un directeur s'explique beaucoup moins encore que l'existence d'une commission. Dans les deux cas on ne voit guère l'utilité d'une direction.

Je m'exprime peut-être mal, je reprends. La commission municipale déléguée à la surveillance de l'école est d'une utilité urgente, elle fonctionne consciencieusement, cela ne souffre aucun doute, pour le bien de l'enseignement musical ; alors elle exerce un mandat effectif, elle est directrice dans toute l'acception du mot. Que fait le directeur en titre ? Il remplit avec conscience, cela n'est pas non plus douteux, les fonctions que son titre impliquent, il surveille l'exécution d'un programme donné, il assure l'emploi fidèle des méthodes adoptées dans l'enseignement. Je ne crois pas qu'il soit d'une grande utilité pour le maintien de l'ordre physique et l'observation des règlements de l'école. Me tromperais-je, qu'il resterait encore à se demander si la commission municipale ne pourrait le suppléer avec avantage.

Faisons ici observer au lecteur qu'il n'est question que de s'éclairer sur la possibilité d'une économie. En émettant le doute de l'utilité d'un surcroît de direction, je n'ai en vue que de faire discuter un point accessoire dans la question musicale. Une affirmation sur ce point ne concorderait pas avec le plan général de cette étude, plutôt dirigée sur les questions de principes que sur les détails d'application.

Adressons-nous à la commission pour le surplus. Que pense-t-elle de l'organisation actuelle? Quelle est son opinion sur les points que nous venons de discuter? La direction donnée à notre école a-t-elle son adhésion? Croit-elle que la voie poursuivie est la meilleure voie? L'art musical est-il servi à son gré par l'enseignement communal? Les tendances que nous avons signalées ont-elles son approbation? Puisqu'elle est instituée pour informer le conseil municipal de certains besoins de la commune, c'est à elle de se prononcer sur ceux que nous venons de soumettre à l'attention de tous.

Nous ne connaissons rien de ses travaux; il serait temps de lui demander quelques communications publiques. Son *silence* peut être *imposant* à son point de vue; au nôtre, au point de vue des intérêts locaux, il n'est nullement instructif. Nous attendrons un prochain rapport sur l'école. Nous avons confiance qu'il s'étendra impartialement sur toutes les questions que soulève notre étude.

CHAPITRE III.

LA SOCIÉTÉ PHILHARMONIQUE

Nous nous sommes longuement étendu sur l'organisation actuelle de l'école de musique et sur les réformes qu'il serait urgent d'y apporter, pour cette raison qu'il s'agissait de la plus importante de nos institutions musicales. L'école occupe la première place parmi nos établissements musicaux. Elle est le moule qui reçoit tout d'abord nos éléments locaux. C'est dans son sein que nos jeunes artistes contractent leurs premières habitudes, qu'ils sont frappés d'une empreinte décisive, que se décide enfin pour eux la question de talent qu'ils devront avoir.

L'école pèse lourd, ainsi que nous l'avons vu dans la balance du budget municipal ; de plus elle exerce une influence capitale sur les destinées de l'art musical à Boulogne : elle devait nous arrêter plus longuement.

Vient après l'école, la Société Philharmonique. Cette institution secondaire, subventionnée par la commune et destinée en principe, selon toute logique, à mettre en œuvre les éléments façonnés pour l'école, décide par cela même d'une foule de questions pratiques relatives à l'art musical. Nous avons vu qu'une partie de ses membres appartient à la commission de surveillance de l'école. La Société Philharmonique n'a pas seulement que des relations officielles avec celle-ci ; l'une et l'autre vivent en parfaite intimité : qui veut étudier l'une doit observer l'autre avec attention. Elles se font pendant, elles se complètent ; elles ont même esprit, même pensée, même direction ; elles avaient autrefois le même but, nous verrons qu'elles l'ont encore, grâce à une même déviation de leur destination primitive.

Un fait significatif : le chef d'orchestre de la Société Philharmonique est en même temps directeur de l'école. Les professeurs de l'école sont les fidèles de la Philharmonique. Longtemps même cette société fut seule chargée des soins qu'elle partage aujourd'hui avec la commission municipale. Elle exerça longtemps sur l'école une espèce de dictature. L'on peut dire que si notre enseignement musical est tel que nous l'avons dépeint, ce n'est pas assurément à l'insu et contre le gré de la Société Philharmonique. Il pourrait bien se faire que ces deux institutions aient constamment la même fortune. Elles se tiennent si étroitement, qu'en modifiant l'une, on soit obligé de toucher à l'autre. Nous allons voir du reste qu'elles donnent les mêmes résultats.

Nous procèderons à l'égard de la Société Philharmonique avec la même franchise que nous avons mise à l'examen critique de l'école. Nous ne cesserons de le dire : nous n'avons pas de parti pris ; nous n'avons un pied dans aucun camp, excepté peut-être dans celui du vrai, le camp des progressistes, des libéraux, des ennemis du mensonge, de l'arbitraire, des préjugés.

Demandons-nous ce que fut autrefois à son origine la Société Philharmonique, de quel principe elle procède. Si nous voulons nous l'expliquer, il faudra comme nous l'avons fait pour l'école, remonter jusqu'aux sources. Nous l'étudierons aussi dans son état actuel : il faut que nous sachions ce qu'elle est aujourd'hui, et ce ne sera pas le plus facile. Nous nous demanderons enfin ce qu'elle doit être.

Au risque de troubler un peu l'ordre de notre travail, nous aborderons de suite la critique du présent : il vaut mieux s'occuper tout d'abord des difficultés.

— 26 —

Nous avons dit que la Société Philharmonique était subventionnée par la commune. Cette subvention s'élève à 1,200. Le chiffre est modique sans doute ; nous devrions bien, pensera le lecteur, n'en pas trop parler ; mais, s'il est maigre d'unités, dirons-nous, il est gros de conséquence. Pourquoi une subvention ? La Société recueille en outre une somme ronde de 12,000 de ses souscripteurs ; ne pourrait-elle se contenter de ses ressources ? Ordinairement, les villes laissent à elles-mêmes les sociétés musicales ; elles ne les patronnent, elles ne les soutiennent pas de leurs deniers, elles aiment mieux tout attendre de l'initiative libre des citoyens, en évitant à ceux-ci les obligations corrélatives aux dons officiels : pourquoi faisons-nous différemment ?

J'entends dire : Nous protégeons les arts. Il paraît que les arts périraient s'ils n'étaient protégés. La subvention allouée à la Société Philharmonique serait donc un gage de notre sollicitude envers l'art musical. Nous serions un modèle de commune sous le rapport du goût esthétique ; nous aurions la passion du beau, nous serions presque des Grecs ! La subvention accordée veut dire en tous cas, que nous reconnaissons à la Philharmonique une utilité artistique. Nous déposons en ses mains, sinon une garantie d'existence pour elle, tout au moins un témoignage de de notre adhésion à son principe, à sa pensée, au but qu'elle poursuit. Nous la mettons par conséquent au rang des Sociétés d'Agriculture, de Peinture, de Littérature, qui elles aussi, reçoivent de nous les mêmes preuves de sollicitude à cause de leur utilité spéciale. Nous verrons bien si tout cela est sincère, et si les faits nous donnent raison. Nous verrons dans un instant jusqu'à quel point l'utilité qu'on prête à la Société Philharmonique est réelle, nous constaterons en attendant l'effet moral qui résulte sur l'esprit public de cette adhésion implicitement prouvée par la subvention communale.

Le public, naturellement porté à s'incliner devant tout ce qui reçoit une consécration officielle, considère la Société Philhar-

monique comme une institution sérieuse. Il ne concevrait pas que l'administration municipale voulût protéger une chose nulle, ou qu'elle s'abusât longtemps sur le mérite réel de l'objet protégé. La marque autoritaire donne confiance au plus grand nombre. Une subvention équivaut à un brévet de capacité. S'il venait à être prouvé que ce brévet est légèrement accordé, le public y croirait à peine. Il ne voit, il ne veut voir derrière toutes les institutions patronnées, qu'un être infaillible. La main qui soutient tous ces édifices admirables de pompes décoratives, trop souvent menteuses, est une main providentielle. La conséquence de ceci, c'est la solidité d'une infinité de châteaux de cartes et l'embarras souvent de la main qui les soutient à les faire disparaître. Le public les a cimentés de son estime, les a consolidés de son respect ; s'ils encombrent la voie du progrès, tant pis ; la routine, la sottise, les préjugés sont là qui les défendent : il faut passer outre ou mettre à la mode d'autres objets de vénération, d'autres fétiches.

C'est ainsi que la Société Philharmonique a pu être conservée jusqu'ici malgré quelques protestations et la secrète conviction, peut-être, de l'autorité, qu'elle n'était d'aucun avantage pour la Commune ; c'est à ces causes qu'il faut attribuer le prestige qui vaut encore à cette institution certain respect du vulgaire.

En quoi consiste son œuvre ; qu'est-elle au fond ?—Si l'on s'en rapporte seulement à ce qu'on voit avec les yeux de la tête, sans doute la Société Philharmonique a quelque chose d'imposant, l'on comprend l'admiration qu'elle excite dans certaines classes sociales. Rien n'apparait de prime-abord qui puisse nuire à son crédit communal. Elle est entourée d'un cortége des mieux placés pour l'encouragement de l'art et le monopole de l'initiative ; elle a tout le *décorum* d'une académie de bon ton ; elle rivalise pour la pompe des cérémonies avec les corporations les plus aristocratiques. Ce sont des titres pour la masse

A l'entendre s'exprimer sur elle-même, on sent une institution fière de son autorité, certaine du présent. Ses rapports annuels ne concèdent rien aux idées avancées, ils sont tout bonnement conservateurs, ils respirent une confiance sans bornes dans l'actualité ; de l'avenir ils ne contiennent pas un mot.—Point d'idéal pour cette société : elle se tient pour satisfaite de ce qu'elle a. Elle s'admire avec complaisance, elle s'approuve. L'on dirait une franc-maçonnerie artistique empreinte d'immobilité. Elle pose devant elle-même. Impossible de dépeindre son assurance Quand elle parle, c'est avec des réminiscences de Louis XIV; l'écho répond : *L'art musical, c'est moi !* — Il paraît que cela suffit pour en imposer même à nos hommes d'esprit.

L'on voit aussi — toujours en ne tenant compte que de la superficie des choses — que ses concerts brillent considérablement. Le beau monde y souscrit avec entrain. La plèbe écoute aux portes. Les artistes de renom y accourent de loin, moyennant salaire. Ils provoquent un grand bruit dans la localité. Les jours où ils ont lieu, une quantité nombreuse de voitures circulent par les rues.

L'on voit encore que la Société Philharmonique verse tous les ans un millier de francs aux caisses des salles d'asile et de bienfaisance. Cela fait pleurer d'attendrissement une foule de bonnes âmes, cela donne aux dévots de cette société l'occasion d'exalter son utilité chrétienne (on ne dit pas musicale), et cause des spasmes aux poètes de l'endroit.—A cet à-propos, on entend dire que « l'Art donne la main à la Bienfaisance, qu'il est beau de prendre aux riches pour donner aux pauvres, qu'il est ingénieux de créer des plaisirs coûteux, accessibles seulement aux classes opulentes, par esprit de charité, par amour philantropique des malheureux. » Et puis l'on calcule (1) combien la Société Philharmonique a pu donner aux nécessiteux depuis qu'elle existe. Les gros chiffres, on le sait, font bon effet sur l'esprit public ; ils renforcent le prestige de l'estampille officielle. Une petite multiplication des libéralités que l'on a faites grandit le mérite du donataire. Il est seulement dommage qu'en même temps l'on ne calcule pas les libéralités de la commune et que l'on oublie également de compter combien de milliers de francs il sort tous les ans de la localité, par les soins de la Société Philharmonique, pour l'encouragement des artistes étrangers.

(1) Voir l'*Impartial* du 13 janvier dernier.—Rapport de M. Janin.

L'on se garde bien d'avouer qu'à peine il reste six cents fr. dans les mains de nos musiciens, des 13,200 fr. que cette société recueille dans la commune.

Ce n'est pas tout. La Philharmonique a bien d'autres titres encore à l'admiration municipale ; elle justifie bien autrement la sollicitude de nos administrateurs. C'est encore par ses soins que les gens blasés de musique provinciale se sentent le goût ravivé. Elle n'exhibe dans ses concerts que la fine fleur des curiosités musicales de Paris. Il s'en faut qu'elle commette l'erreur de produire des musiciens du crû : cela n'aurait pas d'attrait. On dit enfin qu'elle entretient une correspondance considérable avec les sommités du dehors; cela ne se voit pas, j'en conviens, mais cela pourrait se voir si la Société Philharmonique le voulait. C'est donc encore une recommandation qu'il faut ajouter à celles qui précèdent.

N'allons pas oublier les services qu'elle rend à la ville de Plaisance. Elle s'est mise tout entière à la disposition de celle-ci. La ville de Plaisance fait d'elle tout ce qu'elle veut. Elle l'absorbe. Pour être agréable au système actuel, la Société Philharmonique s'est empressée de changer la périodicité de ses concerts. Voilà du dévouement! Ils avaient lieu en hiver, elle les donne maintenant en été. Elle marche d'accord avec la Commune entrepreneur de plaisirs publics. La Commune *vend des bains de mer*, tandis que la Société Philharmonique fait jouer des airs agréables. L'on se baigne au son de la musique. J'espère que c'est assez sérieux. — Il est vrai que les Boulonnais n'en sont pas plus satisfaits, mais l'administration actuelle est contente. Elle serait bien difficile si elle n'était pas charmée qu'une société comme la Philharmonique partageât ses théories économiques. Il est vrai encore que l'arrière-saison est devenue un peu plus maussade qu'autrefois, par suite de ses nouvelles dispositions ; mais qu'est-ce que cela fait ? L'on suspendrait tout-à-fait la vie pendant les neuf mois de gestation où Boulogne est livrée aux Boulonnais, qu'il n'y aurait pas grand mal. — Tels sont en résumé les titres de la Société que nous étudions. Demandons-nous si elle ne ferait pas bien d'en acquérir d'autres qui justifieraient mieux peut-être la subvention qui lui est accordée.

Convenons, sur ce simple aperçu des *travaux* de la Société Philharmonique que cette institution n'a pas du tout conscience du caractère moral de sa mission ; elle a perdu de vue l'objet de sa fondation ; elle ne se doute même pas qu'elle a été fondée pour autre chose que ce à quoi elle sert. Sait-elle ce qu'elle veut et où elle va ?... Je n'en suis pas sûr. Elle ne veut peut-être rien du tout, excepté vivre pour la gloriole de quelques-uns

Dire ce qu'elle pense est bien difficile. Affirmer même qu'elle pense serait beaucoup s'avancer. Déterminer à quel besoin elle répond est un problème. Sa raison d'être actuelle, on la cherche. Son critère, inconnu. — Si une institution pouvait se perdre sur la voie publique et qu'il arrivât ce malheur à la Société Philharmonique, je défie bien celui qui la trouverait de la rapporter à son propriétaire : on ne sait de qui elle procède, à qui elle appartient. Est-ce à son Président, est-ce à la Commune, est-ce aux Anglais, aux Parisiens ?... Elle n'est ni boulonnaise ni étrangère, ni musicale ni littéraire, ni chair ni poisson. — A tout prendre, elle fait double emploi avec la Société de Bienfaisance, la plus insignifiante des institutions locales que Boulogne ait jamais vu fleurir.

La Société Philharmonique n'a donc pas l'importance qu'on lui attribue ; elle ne justifie donc pas l'appui moral qui lui est donné, au nom de la Commune, sous forme de subvention. — On se leurre sur la nature de ses services. Il faut toute l'inexpérience de notre administration municipale, tout le besoin qu'elle se sent de ménager les susceptibilités individuelles ; il faut toute sa faiblesse qui l'oblige à de perpétuelles concessions (avec les forts) ; il faut toutes les contradictions, tous les non-sens, tous les illogismes de notre temps, et l'aveuglement intéressé des flatteurs, et l'incurie d'une presse sans souffle, sans liberté, sans énergie ; il faut ce concours de causes malheureuses pour que nous admirions encore comme nous le faisons, sur parole, ce vieux carosse doré incapable de conduire qui que ce soit, ayant quelque mérite, seulement au bien-être.

Il suffirait d'un mot pour que le public s'aperçoive combien les choses sont peu à leur place et le détour énorme que le mauvais vouloir des uns et l'ignorance des autres leur ont fait faire en musique. Car enfin, ce n'est pas un but de société musicale que ce faste, cette pompe, ces cérémonies, ces amusements frivoles, ce débit de musique légère, ce commerce de bimbeloteries artistiques et ces mœurs de parasites que déploie la Philharmonique. Personne ne se doute qu'elle ait autre chose à faire que ce qu'elle fait. C'est inouï ! On ne lui demandera pas compte du vide qu'elle produit, des moyens qu'elle absorbe, des intérêts qu'elle déplace ; on lui accordera sans examen des titres sérieux à la protection d'une ville intelligente !...

Ce n'est pas la peine de subventionner une société qui fait si peu pour l'encouragement de l'art. Une subvention en pareil cas est une dilapidation des économies du travail. Nous aimerions mieux donze cents francs de chandelles romaines ; un encouragement de cette valeur à l'art des artificiers vaudrait mieux. Nous ne concevons pas qu'une réunion d'hommes sérieux puisse penser qu'il suffise de déplacer quelques pupitres d'orchestre, d'écrire quelques lettres de remerciement aux artistes étrangers, de distribuer d'une main, gantée beurre frais, l'argent que l'on reçoit de l'autre, pour s'intituler société musicale. Ce qui nous étonne surtout, c'est qu'il soit nécessaire, pour accomplir la besogne dont nous venons de rendre compte, de se démener tant, de se retrousser jusqu'au coude, de suer sang et eau. Des entreprises de ce genre ne sont pas au-dessus des efforts d'un simple particulier. Le premier marchand de musique venu, quelque peu renseigné sur les agences musicales de Paris et au courant des noms italiens à la mode, peut, sans se mettre au lit, sans accabler le public de rapports annuels longs comme le bras, sans discours, sans faste, sans luxe de décoration, conduire à bien les petites affaires qui paraissent écraser de leur poid notre Société Philharmonique. Fréquemment nous voyons des artistes désireux de se faire connaître, organiser eux-mêmes des concerts pour le moins aussi originaux que ceux de la Philharmonique. Les directeurs de casino, dans tous les pays du monde, ne font pas autre chose que ce que fait cette société. Ils ne sont même directeurs qu'à cette condition. N'avons-nous pas vu la Société de Bienfaisance, qui n'est rien moins que musicale, donner, elle aussi, des concerts splendides ; donner *même des concours*, ce qui est bien autrement important, et se faire l'*arbitre* des musiciens de toute la province ? Elle eût mieux fait sans doute, de s'en tenir à sa spécialité d'éclairage *à giorno ;* mais son exemple a prouvé au moins qu'on pouvait, même ne connaissant rien en musique, convier les musiciens à faire de l'art.

Tout le monde peut donner des concerts comme en donne la Société Philharmonique avec ses 1,200 fr. de subvention et ses 12,000 fr. de souscriptions annuelles. Il n'est pas nécessaire de déployer des muscles d'hercule pour soulever ces poids de carton ; il suffit de connaître ce que vaut la denrée en circulation et de savoir faire au besoin une addition. La forme collective est superflue, l'appareil compliqué de l'association est excellent pour enlever les masses, il est d'un emploi risible lorsqu'il s'agit en réalité d'une affaire que l'intérêt privé peut débrouiller parfaitement.

Je dis qu'une machine d'un entretien aussi coûteux et qui rend aussi peu de services que la Société Philharmonique, est une machine jugée : on peut la reléguer parmi nos anciens ustensiles de travail ; elle a droit de passer de la scène publique au cabinet des archéologues ; on peut l'offrir sans danger comme sujet d'étude aux membres de notre académie littéraire : son côté utile, pratique, son intérêt d'actualité ne les embarrassera pas.

Telle est actuellement la Société Philharmonique. Nous allons voir ce qu'elle fut.

J'ai ouï dire qu'autrefois, cette société pratiquait autrement l'encouragement de l'art musical. Elle aurait eu à son origine une véritable lueur de sa mission morale inséparable de son but artistique. Alors on ne la voyait pas seulement donner des concerts tels quels ; l'idée qu'elle poursuivait ne consistait pas seulement en ces remuements d'objets coûteux : les concerts étaient un moyen matériel, le but était LA MISE EN ŒUVRE DES ÉLÉMENTS LOCAUX. Elle ne donnait pas des fêtes pour d'autres motifs que pour faire valoir ces éléments ; elle faisait ressortir ceux-ci autant qu'elle pouvait ; elle les exerçait uniquement pour les développer, pour les améliorer. Alors, elle s'attachait les jeunes artistes populaires. Les jeunes gens instruits par l'enseignement gratuit qu'elle dirigeait (qu'elle dirige encore), n'étaient pas écartés le plus possible par ses soins de la scène publique, au contraire : elle les pilotait ; elle les recueillait maternellement dans son sein, elle les lançait sous son patronage dans la carrière artistique. La Société Philharmonique faisait, dans ce temps-là, de la protection libérale à l'égard des musiciens boulonnais. Cela valait mieux pour les intérêts locaux que l'exclusion aristocratique de nos jours.

Il paraît qu'il n'était pas rare, il y a vingt à vingt-cinq ans, de voir les artistes boulonnais appartenant à la classe ouvrière, fréquenter les salons aristocratiques. C'est que l'on avait des mœurs plus pures, plus simples qu'aujourd'hui. L'on faisait, dit-on, de la musique de chambre ; l'on se voyait donc. Les rapports devaient être faciles, les relations nombreuses, amicales. Il devait en résulter une véritable éducation libérale ; l'on devait se parler, se civiliser les uns les autres. Je conçois qu'on ait pu voir fréquemment à cette époque, ce fait qui paraîtrait aujourd'hui monstrueux, d'un fils d'ouvrier reçu dans l'intimité de quelques riches bourgeois, sous prétexte de musique.

Comment expliquer que l'on soit tombé dans des habitudes tout-à-fait opposées, que l'on se tienne à l'écart des artistes, que l'on dédaigne les éléments locaux, qu'ils soient devenus maintenant *le moyen*, quand ils étaient autrefois *la fin*, et que le but évidemment poursuivi soit ce que l'on considérait jadis comme l'accessoire ? Je ne parle pas des mœurs qui sont changées, je ne me plains pas de la réserve avec laquelle les classes bourgeoises traitent les fils d'ouvriers (¹) ; j'en suis bien plutôt enchanté : je

---

(1) Pour avoir prononcé quelque part le mot *fusion des classes* et m'être servi de quelques termes empruntés aux éléments d'économie sociale, quelques personnes ont bien voulu faire de moi un socialiste égalitaire à outrance. Je ne suis rien de semblable. Tout mon socialisme consiste à faire des vœux pour le retour des mœurs douces et libérales du passé. J'estime qu'il vaut mieux pour les mœurs, que chacun reste dans sa sphère, s'y complaise, et se montre néanmoins facile dans ses relations de citoyen.

ne tiens pas à voir mes enfants fréquenter trop les oisifs, les opulents ; leur contact n'a rien de bon pour nous autres. — Que les artistes se protègent eux-mêmes, qu'ils s'élèvent avec leurs seules forces. Le protectorat individuel, de quelque part qu'il vienne, avilit, dégrade, ramollit l'âme, émousse le sens esthétique. Le protectorat des riches, c'est la corruption des artistes et la décadence de l'art.—Mais si je ne regrette pas ces anciennes coutumes de familiarité entre artistes et bourgeois, il n'en est pas de même pour ce qui concerne l'institution qui nous occupe. J'accepte la protection des sociétés. Quand la sollicitude se manifeste sous la forme collective, elle a un sens élevé, elle est une manifestation sociale, elle m'honore plutôt qu'elle ne m'abaisse ; elle me charme, elle me réconcilie avec les hommes. Jamais l'action morale des sociétés ne fut contraire à l'élan des caractères et à l'épanouissement de l'art. Il y a quelque chose de saint dans l'association. Son toucher épure, son ombre sanctifie, son sein réchauffe, son âme divinise. L'association, c'est le salut des artistes !

Ainsi, après avoir fourni une carrière fructueuse, la voilà donc réduite à la pire des existences, cette société fameuse ! Elle voit son programme renversé, elle marche dans la position des damnés punis pour manquement à leur foi, « la tête disloquée, tournée du côté du dos. » Elle qui croyait voir si loin devant elle, ne voit même pas où elle chemine à pas de tortue. Ce n'est pourtant pas de vieillesse, d'impuissance physique, de sénilité naturelle qu'elle souffre aujourd'hui. Il ne faudrait pas prendre l'absence de principe sérieux que l'on remarque chez elle, pour de l'ébriété intellectuelle. Elle est encore capable de vouloir, elle décide toujours d'elle-même, elle peut toujours choisir où elle ira ; si elle suit le torrent qui fait dévoyer nos mœurs, qui bouleverse nos habitudes, qui ruine tant de nos vieilles institutions locales, c'est qu'elle le veut bien.

Je sais qu'une époque terrible a passé sur elle ainsi que sur tant d'autres. Je sais qu'à partir de 48, la bourgeoisie dont elle est issue, qui la fonda en même temps que l'école de musique, saigne d'un ulcère qui n'est pas près de se fermer. Je sais que depuis ce moment la méfiance s'est introduite parmi les émancipateurs du peuple. Ils prennent ombrage de leur œuvre interrompue. N'ayant pas prévu l'avènement fatal de la démocratie, qu'ils avaient aidé cependant, ils en veulent aux classes ouvrières de parler franc, de rompre l'équilibre qu'ils avaient rêvé, de déplacer leur juste-milieu. Ils eussent mieux aimé qu'on leur laissât la haute direction du mouvement social. La fierté, l'impatience, le rude libéralisme des nouveau venus les indisposent.

C'est à tort que les sociétés comme la Philharmonique, qui sont déléguées au développement de l'art populaire, du goût artistique parmi les masses, qui reçoivent des subventions pour cet objet et non pour amuser les riches, c'est à tort que ces sociétés boudent les classes ouvrières et les artistes qui en sortent. Il vaudrait mieux reprendre l'ancien système de protection, refaire un programme plus approprié aux exigences nouvelles; il vaudrait mieux se réconcilier avec les hommes du jour, les possesseurs de l'avenir, la démocratie enfin. L'on s'épargnerait des mécomptes qui ne manqueront pas d'éclater avec les événements qui se préparent sans nul doute ; l'on éviterait au pays bien des désordres, à la localité bien des difficultés capables d'arrêter son développement moral. En reprenant son ancienne mission, la Société Philharmonique rendrait d'éclatants services aux mœurs. Les mœurs se font surtout par le moyen des sociétés artistiques. En s'appliquant de nouveau à réunir, à grouper, à relier toutes les intelligences du pays ; en mettant toutes ses ressources en œuvre pour faire cesser l'esprit d'isolement, les rivalités, les haines, les compétitions personnelles qui en sont la conséquence ; en combattant avec bonne foi, chez les artistes musiciens, nos tendances à la division ; en relevant ceux-ci à leurs propres yeux et aux yeux du public, qui ne les estime guère ; en leur inculquant les idées de dignité qui manquent à la plupart ; en cessant de les traiter comme des instruments que l'on paie et que l'on dédaigne ensuite ; en se montrant enfin soucieux des devoirs et obligations que nous avons à remplir envers la Commune, et les uns envers les autres, la Société Philharmonique retremperait rapidement son vieil organisme décrépit ; elle refleurirait d'une nouvelle jeunesse, la génération qui nous pousse ferait des vœux pour sa conservation, lui vouerait quelque reconnaissance.

Aujourd'hui elle n'est rien, elle ne peut rien en musique. A-t-elle seulement figure d'association ? A-t-elle quelque chose de son ancienne forme voutée, de son aspect originel de monument communal ?... Qui pourrait dire qu'elle fut jadis une société régulière composée de parties cohérentes fermement cimentées par un lien solide ? Son organisation matérielle ressemble à son esprit : il est impossible d'en saisir les traits principaux.

Elle s'intitule société et jamais elle ne réunit ses membres ; jamais ceux-ci ne se concertent, ne s'assemblent, ne contrôlent la chose commune. Un comité ! voilà tout ce qu'on voit fonctionner. La vie collective s'est réfugiée là, dans ce cerveau retranché, sans rapports avec les organes locomoteurs.—Ses membres ne savent seulement pas ce qu'elle prépare. Elle agit sans les consulter. On n'a pas d'exemple, depuis des années, qu'un sociétaire ait fait une proposition ou manifesté une volonté, se soit enquis des affaires communes et de leur direction. Aucune modification au programme collectif n'a été par eux imaginée, que l'on sache. S'ils ont quelques idées de progrès, nul ne s'en doute. Ils sont nuls dans l'Association Philharmonique. Ils paient leur souscription. La tête absorbe tout. — Est-ce ainsi qu'agissent les sociétés en général ?

Nous avons comparé la Société Philharmonique à nos sociétés d'agriculture, de peinture, de littérature ; mais elle n'a rien de comparable avec celles-ci. La Société d'agriculture pense, agit, fonctionne de l'aveu de ses sociétaires. Elle s'adresse aux éléments locaux, elle s'attache à les faire valoir, à les développer. De même, nos sociétés de peinture et de littérature qui stimulent les producteurs, dirigent de tout leur pouvoir la production, et dans tous les cas se gardent bien d'avoir une tête trop volontaire, paralysant l'initiative de leurs membres.

La Société Philharmonique n'a fait depuis vingt ans aucun essai d'innovation. Elle reste en arrière de ses consœurs. Elle n'a jamais songé à couronner comme elles les productions remarquables. On peut composer tant qu'on voudra de la musique, la

Philharmonique n'en a pas souci. Elle s'est toujours refusée à faire exécuter les œuvres du crû. Elle ne préside même pas aux concours d'exécution qui ont lieu de temps à autre à Boulogne. Elle n'a rien fait, rien, absolument rien, depuis longtemps, pour les musiciens de mérite appartenant à la localité. Si elle place par des moyens occultes quelques-unes de ses créatures, si elle protége quelques complaisants, l'art n'y a rien à voir.

Elle s'est gardée jusqu'ici de faire des études suivies ; elle semble avoir peur des exercices musicaux. On ne se rappelle pas l'avoir vu entreprendre l'interprétation d'une œuvre originale de grand caractère. Les classiques lui sont inconnus. Elle ne sort pas d'un certain cercle de redites. L'on connaît par cœur son répertoire ; il est court, il se compose d'une demi-douzaine d'ouvertures de genre facile. Enfin, elle n'a en vue, selon toute évidence, que de fournir à ses souscripteurs des concerts pour leur argent. Du moment où les concerts sont curieux à cause du nom des artistes qui y figurent, elle croit avoir fait consciencieusement tout ce qu'il est en son pouvoir pour le progrès de l'art musical à Boulogne.

Voilà tout entière cette société fameuse à laquelle l'administration municipale prête son appui, que la Commune subventionne et que l'on entend applaudir tous les jours dans nos journaux. Le public, qui se fie aux apparences, est encore une fois bien trompé.

Nous nous rappellerons qu'elle n'est qu'une fumée dans le présent, qu'elle fut une institution utile dans le passé. Nous savons ce qu'elle pourrait être dans l'avenir ; mais, n'y comptons pas.

CHAPITRE IV.

LA MUSIQUE COMMUNALE.

Le corps de musique dont nous inscrivons ici le titre, en tête de ce chapitre, n'existe plus au moment où nous traçons ces lignes. Il est démissionnaire. L'on parle de lui substituer une société musicale connue sous le nom de Fanfare. Il est peu probable que cela ait lieu. L'on sait que la musique communale est une musique d'harmonie ; lui substituer une *fanfare*, c'est-à-dire un corps musical de genre inférieur, indiquerait une bien faible entente des exigences de l'art. A moins qu'il y ait absolue nécessité, on ne comprendrait pas cette substitution. (1)

Elle prouverait une fois de plus combien notre système est vicieux. Elle jetterait une nouvelle lumière sur les côtés faibles de notre organisation musicale.

Voici dans quelles circonstances s'est produit cet événement de la démission de notre musique communale Il est bon que le lecteur juge par un nouvel exemple des fruits de notre système d'encouragement musical. Nous avons vu ce qu'il produit à l'aide de la Société Philharmonique et de l'Enseignement gratuit,

---

(1) C'est un fait accompli. La fanfare remplace l'ancienne musique communale.

nous l'allons voir dans ses rapports avec la musique Communale.

Le 28 janvier dernier, M. Lefebvre, chef de ce corps musical, adressait au maire de Boulogne, une lettre ainsi conçue :

« Monsieur le Maire,

» J'ai appris, depuis peu, que la place de professeur pour les
» instruments de cuivre, à l'école de musique, avait été donnée,
» il y a déjà quelque temps, à M. Panis.

» Monsieur le Maire, j'ai lieu d'être très-étonné, et je ne
» comprends pas à quel titre cette faveur a pu être accordée à
» M. Panis. Je me demande si, en toute équité et justice, un
» autre,—UN ENFANT DE LA VILLE,—par exemple, que je n'ai pas
» à nommer et dont il ne m'appartient pas de rappeler les titres,
» —ne méritait pas plus *particulièrement* et plus *incontestable-*
» *ment*, non une faveur, mais quelque chose comme plus de
» considération.

» Monsieur le Maire, je me demande aussi, sans pouvoir me
» l'expliquer, si cette faveur doit être attribuée à l'initiative de
» l'administration municipale, ou bien si elle est, comme je suis
» porté à le croire, le fait d'une *influence*.

» Quoi qu'il en soit, il ne me reste, par suite, qu'à vous prier,
» Monsieur le Maire, d'accepter ma démission de chef de la
» musique communale de Boulogne, et d'agréer l'expression de
» mes sentiments respectueux.

» AD. LEFEBVRE »

A cette lettre, M. le maire de Boulogne répondait immédiatement, c'est-à-dire le lendemain même de sa réception :

« Monsieur Ad. Lefebvre,

» Par votre lettre d'hier, vous m'adressez votre démission des
» fonctions de chef de la musique communale. J'accepte cette
» démission.

» Recevez, Monsieur, etc.

» *Le maire*, LIVOIS. »

Puis, le 3 février, les membres de la musique communale ripostaient à cette acceptation précipitée de la démission de leur chef, en ces termes :

« Monsieur le Maire,

» Par suite de la démission de notre digne chef, M. Ad.
» Lefebvre, dont nous avons depuis longtemps apprécié à leur
» juste valeur, et les capacités comme directeur, et le talent
» comme instrumentiste, et qui, à tous égards, a droit à notre
» reconnaissance autant qu'à notre estime, nous avons l'honneur,
» Monsieur le Maire, de vous informer que nous nous retirons,
» et que nous cessons de faire partie de la musique communale.
» Agréez, etc. »

(Suivent les signatures.)

Tels sont les faits sur lesquels nous appelons l'attention du lecteur. Nous avons laissé parler les acteurs de ce petit drame extra-civil et musical. Mieux que nous ne l'aurions pu faire par une narration détaillée, ils nous ont dévoilé leurs sentiments, ils nous ont exposé l'une des faces les plus intéressantes de la question musicale. Leurs griefs personnels sont devenus des griefs publics ; par la publicité qui leur a été donnée, par la nature du conflit qu'ils ont soulevé, ils appartiennent à notre critique, ils deviennent notre cause. Nous pouvons maintenant nous livrer sur eux à tous les commentaires auxquels leur caractère délicat peut raisonnablement donner lieu.

Ne nous occupons pas de la forme sous laquelle nos musiciens ont cru devoir présenter leurs réclamations. Qu'il me soit permis de dire, à propos de l'accueil qu'on leur a fait dans le public, que l'on a bien eu tort de tant s'arrêter à la couleur des mots. Les documents qui précèdent, si j'ai bien compris, ont bien plutôt été jugés littérairement qu'économiquement. L'on s'est arrêté à la lettre, à la forme ; on ne s'est pas occupé du fond. Il en est résulté que la question qu'ils soulevaient est restée tout entière ; il en est résulté encore que l'exemple qu'ils offraient n'a eu de signification pour aucun. L'on aurait voulu enterrer l'affaire, que l'on ne s'y serait pas pris autrement. Au moyen d'une déviation maladroite l'on est arrivé ainsi à se rencontrer fort loin du but. En sorte que personne ne soupçonne aujourd'hui la portée de cette dissolution de notre musique communale.

Avant de reprendre pour notre propre compte ce que l'on a trop négligé, selon nous, disons qu'en affaire publique il n'y a pas de formulaire qui vaille le cri spontané des intérêts en souffrance. Toute réclamation publique porte en soi son caractère particulier ; il ne s'en produit pas une qui n'ait ses signes originels ; elles sont toutes frappées au coin individuel de ceux de qui elles émanent. Pourquoi donc ne pas les accepter telles qu'elles se produisent, toutes avec la même bienveillance ? Quand il semblerait ridicule de souhaiter que tous les caractères se ressemblassent et fussent sortis du même moule, est-il plus raisonnable de demander que leur expression même se manifeste uniformément ? Il faut en tout de la tolérance. C'est le moyen de ne pas se laisser égarer sur la nature des choses. En se laissant aller aux impressions que font sur nous les apparences matérielles nous finissons par être le jouet de l'erreur. L'on ne juge pas bien quand on n'envisage que le petit côté d'une affaire. L'on voit tous les jours des hommes très-sérieux commettre des injustices flagrantes pour s'être offusqués mal à propos de formes sans importance.

Que le lecteur veuille bien me pardonner cette digression. Elle peut paraître un hors-d'œuvre, elle se rattache cependant à notre étude. Elle a son utilité dans notre travail. L'on a discuté sur les mots, je démontre l'inopportunité de cette discussion.

Je maintiens qu'il ne faut pas trop faire cas des formules en matière d'information publique. Il est bon que le sentiment du droit s'exprime librement, si l'on veut que le droit triomphe. Le principal n'est pas de s'exprimer régulièrement, c'est qu'il y ait de la justice dans les affaires publiques. Ce que l'on doit tout d'abord considérer dans une information de griefs personnels, c'est à savoir si la généralité ne souffre pas, elle aussi, de ces griefs, soit par contre-coup, soit directement.

— 42 —

Ce serait une idée folle que de vouloir assigner aux intérêts froissés un langage de collet monté, d'exiger d'eux une mesure, un calme géométrique. L'on comprend que dans le monde officiel l'on adopte certaines formules, un manuel, un guide uniforme, une tenue militaire, des expressions sacramentelles, que l'on tombe enfin dans la réglementation littéraire des sentiments. Les sentiments n'y sont guère libres, les intérêts y sont fixés, tout y respire l'immobilité. Mais comprendrait-on que dans le public où la vie circule librement, où les intérêts se déplacent sans cesse, où les sentiments fluctuent continuellement, l'on fût tenu à telle consigne que ce soit en matière d'information ?

Je le répète : il faut prendre les actes des citoyens pour ce qu'ils sont. Ils manifestent comme ils l'entendent leurs opinions; peu importe s'ils n'ont pas « le tempérament littéraire », l'essentiel est qu'ils aient raison. — Je serais administrateur, fonctionnaire, ou seulement même publiciste au compte de l'administration (¹), que je me garderais bien de m'arrêter au ton, à la mesure, à la forme littéraire des communications qui me seraient adressées. — Il n'est pas de citoyen aujourd'hui qui ne soit terrifié à la seule pensée qu'il peut commettre une erreur de langage en s'adressant à nos magistrats du journalisme ou à nos fonctionnaires de la municipalité. Cela peut nuire considérablement aux affaires publiques. Je ne connais rien de plus propre au triomphe de la vérité, au service du bien commun comme la communication facile, rapide, fréquente des plaintes du citoyen à ses administrateurs. Si l'on veut sincèrement la prospérité publique, il est nécessaire de moins prendre la mouche pour quelques mots impropres et de s'arrêter un peu plus qu'on ne l'a fait dans l'affaire qui nous occupe, à la portée véritable des réclamations en général.

Nous ne nous sommes pas occupé de la forme des documents qui précèdent, quand ils sont venus à notre connaissance. Notre

(1. Dieu m'en garde !

sens pratique s'est refusé au démembrement des mots dont on nous donnait l'exemple autour de nous.

Nous avons fait fi pour cette fois des convenances, parce que nous pressentions l'importance de la question soulevée. Nous ne sommes d'ailleurs pas du peuple que l'on conduit avec des phrases, que l'on gouverne au moyen d'articles de journaux et de proclamations, et qui se laisserait éternellement tondre jusqu'à l'épiderme, pourvu que l'on s'y prît littérairement et dans un beau style. — De quoi s'agit-il ? Que réclament nos musiciens de la Communale ? Quel est le sens de leur protestation ? Que signifie leur démission ? Voilà ce que je veux savoir avant de me prononcer à leur égard. Nous chercherons la petite bête quand nous aurons répondu à ces questions, quand nous aurons satisfaction du principal. S'il s'agit d'un fait qui porte préjudice aux intérêts locaux, si quelqu'un est lésé dans sa légitime susceptibilité, je ne m'occuperai pas des mièvreries de l'étiquette, je ferai justice du fait dans la mesure de mes forces. Voilà comme j'ai raisonné à la lecture de ces documents.

Eh bien ! il m'a suffi de les parcourir pour y saisir cette vérité palpable qu'on n'y voyait pas : c'est qu'il n'y existe au fond que l'expression du patriotisme local offensé, avec raison, du choix d'un professeur nouveau à l'école de musique, en *dehors des éléments locaux*. — Toute la question est là, en effet. L'ancien chef de la musique Communale ne motive pas autrement sa démission : on lui a préféré, lui *enfant du pays*, un compétiteur étranger au pays. Il ne pèse pas les mérites, il ne compare pas — il fait bien — il constate tout d'abord une préférence qui froisse son patriotisme.

Je dis que ce sentiment est juste. Qu'il ait été bien ou mal exprimé, cela n'est pas à discuter ; ce qu'il faut voir, c'est tout ce qu'il a de légitime, c'est le rapport qu'il peut avoir avec les intérêts locaux. Peut-on encourager ce sentiment ? au contraire doit-on n'en tenir aucun compte ? Quant à moi je suis prêt à répondre, j'ai déjà répondu par le titre même de ce travail. Si l'amour de la localité est un faux principe qu'il faut refouler dans les cœurs, cette étude tendant à l'exalter au profit des idées libérales, n'est bonne qu'à être jetée au feu ; elle n'a pas de raison d'être, mes théories sont fausses ; il n'y a de vrai que le système actuel qui prend pour devise : *Tout pour les étrangers.*

La question musicale a précisément pour point de départ ce précepte : qu'il n'y a de grandeur locale, de prospérité générale que dans la protection exclusive, systématique, absolue, de la Commune pour les éléments locaux. Développer ces éléments au moyen de toutes les ressources dont vous disposez. Ayez sans cesse l'œil sur eux, ne souffrez pas qu'ils se dispersent au dehors. Pour cela, rendez leur la vie facile chez vous. Qu'ils puissent exister où ils sont nés. Qu'il n'y ait pour eux que bienveillance, libéralité, soins paternels, et tout ira pour le mieux, aucun ne s'avisera plus de protester.

Eussent-ils songé à donner leur démission, nos musiciens, si l'on avait choisi l'un des leurs, ou si même on avait mis au concours la place souhaité pour leur chef, et d'ailleurs demandé par lui depuis longtemps ?...

Nous pouvons bien le dire : pour une chicane de mots, et l'impossibilité où nous sommes de nous entendre, dans notre état d'irritation facile, nous n'avons plus de musique communale.

Notre système d'encouragement musical aura eu pour dernier résultat, jusqu'à ce jour, la chute d'un corps de musique considérable. Il ne faut pas croire que l'on réparera demain la perte que nous avons faite. On n'improvise pas des musiciens. On ne sème, on ne cultive pas des artistes de mérite comme l'ancien chef de la Communale. Il ne sort pas de dessous terre des exécutants tout formés. On ne réunit pas du jour au lendemain cinquante lecteurs de musique sûrs d'eux, comme l'étaient nos musiciens démissionnaires, et maîtres de leurs instruments. — Il n'y avait pas dans toute la contrée un corps musical qui fût mieux rompu au métier que notre musique communale. On la citait dans toutes les villes du nord. Nos visiteurs de la saison d'été n'aimaient qu'elle ; ils savaient la distinguer des autres. On ne lui eût pas demandé, comme à la Société Philharmonique, ce qu'elle avait fait de sa mission. Elle avait consciencieusement aidé à la propagation du goût musical. Elle ne s'était pas contenté de suivre les processions, de donner des aubades aux administrateurs ; elle avait formé dans son sein des élèves remarquables et en grand nombre. Elle était une annexe fort utile de l'école communale. Celle-ci lui envoyait ses élèves à peine dégrossis ; elle les finissait, elle les rendait supérieurs (¹) On lui reprochait sans doute de se répandre peu au dehors, de n'assister point aux concours régionnaux ; mais qu'avait-elle besoin de *lauriers ?* Elle avait la science, cela valait mieux. Les concours ne sont pas si sérieux. Quand elle n'aurait pas fait quelque chose pour flatter la vanité locale, puisqu'elle rendait des services effectifs, que pouvait-on lui demander de plus ? On lui reprochait aussi de délibérer parfois sous le drapeau ; mais n'était-elle pas composée de citoyens libres ? Faut-il qu'une musique communale soit la chose de tout le monde ? Parce qu'on portera de temps à autre un uniforme délivré par la commune, en jouira-t-on moins pour cela de son libre arbitre et de sa raison ? Et si je ne veux pas, moi, obéir aux ordres absurdes qui nuisent à ma personne, qui nuisent à mes intérêts ? Si je ne veux pas servir exclusivement à l'amusement des riches et n'être que l'ornement futile d'une commune ? Si l'on me fait tout quitter pour une cérémonie quelconque ? Si au milieu de mon travail professionnel on me convoque pour une sérénade au Préfet, si l'on m'arrache à mes occupations à l'effet d'embellir le cortége de M. le Maire, n'ai-je pas raison de maugréer ?

C'est cependant pour avoir raisonné souvent de cette façon, que notre ancienne Communale se voyait méconnue. A l'heure de sa chute l'on rappelait *ses fautes ;* on ne se souvenait plus de ses services. On épluchait les dernières expressions de sa pensée collective. On lui trouvait mauvais langage, mauvais caractère· Elle avait eu tort de se fâcher. Quand on est une chose communale, on doit servir quand même la commune, on doit laisser tout faire et ne rien dire.

---

(1) C'était pour éviter un temps considérable en exercices que notre chef de musique demandait depuis longtemps une classe à l'école communale. Il y eût préparé ses exécutants comme cela se fait partout, comme va le faire son successeur. Tous les musiciens comprennent parfaitement qu'il n'est rien de plus pénible que de mettre en œuvre des éléments mal façonnés, imbus de méthodes particulières qui ne sont pas les vôtres.

Dans un avenir qui n'est peut-être pas bien éloigné, l'on renoncera à ces institutions de musiques communales qui sont pour beaucoup de villes un embarras véritable, un sujet continuel de contestations. Déjà bon nombre de communes importantes les laissent tomber. L'on commence à comprendre qu'il est d'autres moyens plus rationnels de propager le goût musical, que de subventionner des corps musicaux uniquement occupés à relever d'un peu de bruit les solennités officielles. Nous pousserons un jour le libéralisme jusqu'à nous en remettre à l'initiative privée du soin de manifester la joie du peuple dans les fêtes publiques, ou à l'occasion des tournées préfectorales. L'on fera alors de la musique sincère ; elle n'en sera que meilleure ; l'art ne s'en propagera que mieux. J'admets difficilement que l'on puisse exceller dans des exécutions musicales *par ordre*—, fût-ce de PARTANT POUR LA SYRIE, du GOD SAVE THE QUEEN des Anglais, ou même — ou même — de LA MARSEILLAISE!...

Mais puisque nous n'avons pas encore acquis ce degré d'éducation libérale, puisque nos mœurs se refusent encore à la libre expression de l'art, du goût, des sentiments publics et qu'il nous faut quand même de la mise en scène, du trompe-œil, du clinquant, du bruit, du faux, du mensonge ; puisqu'en outre des exigences générales il nous faut subir les exigences locales, c'est-à-dire, ainsi que nous l'avons vu, satisfaire à un système où la musique est comprise comme un objet de première consommation, — pourquoi ne nous appliquons-nous pas à conserver ce que nous avons de meilleur, ne faisons-nous pas tout pour cela, tout jusqu'au sacrifice de quelques sujets de mauvaise humeur ? Il faudra vingt ans pour refaire cette musique communale qui vient de disparaître, et encore, il n'est pas dit qu'avec le système actuel et le relâchement du goût public, et les mille causes de déchéance propres à notre époque, nous puissions dans ce court espace de temps reconstituer un ensemble aussi parfait que celui que nous avions.

L'on a dit, ai-je rapporté au commencement de ce chapitre, que la Fanfare remplacerait la Communale. Nos administrateurs s'illusionnent ; il est tout aussi impossible à une fanfare de remplacer une musique d'harmonie qu'à un chanteur de romances et de chansonnettes de tenir des premiers rôles dans un grand opéra. Les musiciens de la Fanfare prendront l'habit, la place et les instruments de leurs devanciers ; ils les remplaceront aussi sans peine dans l'estime de nos administrateurs, mais ils ne prendront pas le talent des musiciens de la Communale, encore moins est-il possible qu'ils héritent de leur esprit.

Je ne comprends pas ce qui a pu faire dire à M. le Maire de Boulogne que la fondation de la Fanfare était « un acte de *haute prévoyance*, » une heureuse idée, grâce à laquelle la perte que l'on faisait par la démission de la Musique communale, serait bientôt réparée. Est-ce pour nous consoler? Est-ce pour atténuer l'impression que nous devions ressentir en apprenant l'événement? Est-ce pour que nous ne nous apercevions pas de la précipitation que l'on avait mise à consommer irrévocablement cette affaire?.... Je m'y perds!—Si véritablement il faut considérer la fondation d'une Fanfare — musique de village s'il en fut — comme un acte de haute prévoyance, je conjure nos administrateurs d'imiter le créateur bien inspiré de cette institution, de prévoir le cas où l'on ne serait plus d'accord avec la nouvelle Communale, en un mot, de rétablir bien vite une autre fanfare. La logique l'ordonne ; nous devons nous réserver une pomme pour la soif, une musique de dixième rang pour remplacer une autre musique de premier rang.

L'ancienne Musique communale coûtait à la ville 4,500 fr. par an. Nous tenons à justifier le chiffre de nos dépenses musicales, que nous avons donné avant même l'énumération de leurs résultats les plus clairs.

CHAPITRE V.

NOS ORCHESTRES

du Théâtre, du Casino et de la Société Philharmonique.

Nous touchons à la dernière étape de notre étude. Le lecteur a pu juger chemin faisant par quels canaux circulent nos éléments musicaux. Ils passent, avons-nous dit, de l'école communale aux sociétés d'application. Ils sont ébauchés par l'enseignement, ils se finissent au moyen des institutions secondaires. — Où viennent-ils aboutir ? Quel est le dernier récipient qui les reçoit ? Où faut-il les prendre pour juger de l'ensemble organique destiné à leur perfectionnement ? — Nous répondrons : à l'orchestre symphonique, au théâtre.

Les corps de musique que nous avons appréciés à leur juste mérite et dont nous avons analysé le fonctionnement, n'occupent que le second rang dans notre organisation musicale ; l'orchestre du théâtre en occupe le sommet. Il est la dernière expression de notre situation musicale. L'on peut dire : tel orchestre, tel ensemble organique de musique. — L'enseignement communal d'abord, les associations populaires ensuite, finalement, l'orchestre. Tels sont, en termes simples, les principaux rouages de notre ensemble musical.

Ce que nous avons vu ne peut nous faire rien présager de bon. Si nous rencontrons encore bien des abus, il ne faudra pas trop nous en étonner. A la façon dont nous avons vu préparer nos éléments, nous pouvons deviner ce qui va suivre.

L'orchestre du théâtre, l'orchestre du casino, l'orchestre de la Société philharmonique ne font qu'un seul et même orchestre. Il se peut que la presse locale ait eu ses raisons jusqu'ici de distinguer entre ces unités qui n'en font qu'une, laquelle mérite mieux ses bonnes grâces ; nous n'avons pas à examiner cette grave question. Nous dirons seulement : nos louangeurs ont beau faire ; quand ils lèvent leur goupillon sur l'orchestre du Casino, il tombe toujours quelques gouttes d'eau bénite sur les musiciens du théâtre ; de même il monte vers ceux-ci quelque fumée grossière, quand ils brûlent leur poudre de perlimpinpin en l'honneur de l'orchestre de la Philharmonique.

Ou le public est bien facile à tromper, et c'est un malheur qu'il faut déplorer, ou il s'est déjà dit qu'après tout l'orchestre qu'on trouve si parfait quand il porte l'étiquette du Casino et si peu digne d'attention quand il est simplement rangé à l'ombre de la rampe, au théâtre, pourrait bien n'être ni si parfait ni si nul qu'on semble vouloir l'avancer ; seulement, il resterait à savoir ce qu'il est en définitif.— Ce que le public s'est dit, peut-être, nous nous le sommes depuis longtemps demandé. Nous avons interrogé les personnes les mieux renseignées, les artistes du pays, les hommes compétents, ceux toutefois qui n'ont aucun intérêt à cacher leurs impressions, et voici ce que nous avons recueilli d'eux.

En réalité, l'orchestre de Boulogne (encore une fois nous n'en avons pas trente-six), n'est pas ce qu'un vain peuple pense, le *nec plus ultra* des orchestres. Il varie d'aspect, mais il est toujours le même, c'est-à-dire, un debris du passé, une chose vieillie qui demande l'infusion d'un sang nouveau pour refleurir à l'égal des anciens jours. Son état actuel est celui de la médiocrité. S'il jette quelques éclats fugitifs, s'il possède encore quelques solistes brillants, il est incomplet dans son ensemble, faible dans plusieurs parties, incapable de se soutenir longtemps.

Ce qu'il fait admirablement, ce sont des exécutions sans préparation aucune. Il accomplit parfois des tours de force en ce genre. Il exécutera cent opéras différents en une saison. Il lira à première vue toutes les partitions possibles. Il possède mieux que tous les orchestres de province la pratique musicale ; mais il trompe l'oreille, il répond au faux goût du jour : il ne donne que des aperçus, il ne finit, il n'approfondit aucune œuvre, et, du reste, il en est radicalement incapable.

On l'a tant usé, on l'a mis si bien à toutes les sauces, on en a tant fait une machine à contredanses, à airs variés, à fictions musicales ; il est si bien au courant des non-sens et des contresens artistiques ; il a passé depuis des années en tant de mains inhabiles et inertes même, qu'il a fini par perdre à peu près complètement sa justesse obligée, sa fidélité, et jusqu'au sérieux sans lequel il n'est pas d'orchestre possible. Ce qu'il a fait passer de vilains quarts d'heure aux hommes de goût, Dieu le sait. Les hommes de goût lui pardonneront quand ils sauront qu'il n'est en définitif que ce qu'on l'a fait au moyen d'un système impossible.

Ne nous étonnons pas, en effet, de l'état actuel de notre orchestre. Il eût conservé ses anciennes qualités de précision, de justesse et d'homogénéité musicale, qu'il faudrait rechercher la cause d'un tel phénomène. Nous avons dit qu'il était le résultat définitive d'un ensemble organique ; nous savons ce que vaut cet ensemble, nous ne devons pas être surpris de son résultat.

Voyons maintenant comment il se conserve, quels sont ses moyens d'existence, quel avenir l'attend.

———

Nous n'avons à Boulogne, grâce aux moyens éducateurs que nous connaissons, qu'un nombre très-limité de musiciens aptes à faire partie d'un orchestre de symphonie. Les musiciens quelque peu avancés dans leur art et qui pourraient rendre de grands services à l'orchestre, dégoûtés du spectacle que nous venons

— 51 —

d'exposer, quittent le pays, vont chercher à l'étranger la vie qu'on leur refuse chez eux, ou s'abstiennent, pour d'autres raisons que nous allons déduire, de rechercher les emplois d'orchestre.

Dans beaucoup de villes provinciales, les contingents d'orchestres se forment en majeure partie de professeurs de musique qui ne trouvent qu'avantage à occuper les principaux pupitres au théâtre et dans les sociétés musicales. Chez nous, le professorat se tient, depuis quelques années, à l'écart de l'orchestre. Les rares professeurs que nous y voyons encore, y sont par habitude plutôt que par goût ou par intérêt sérieux. La majeure partie des pupitres d'orchestre sont tenus chez nous par des *artisans-artistes*, assurément instruits dans l'art musical, mais ayant contre eux les désavantages d'une position en partie double, et l'obligation de faire face à des occupations souvent contraires à l'étude soutenue d'un art qui demande surtout, pour être pratiqué intelligemment, une attention de tous les moments.

Pour expliquer cette situation préjudiciable aux intérêts de l'art, et qui s'accentue d'année en année avec plus de caractère, il faut se rendre compte — non des sympathies qui peuvent guider nos musiciens dans le choix de leurs exercices ; ils vont naturellement où les porte leur intérêt, — mais des ressources financières attribuées à leurs émoluments au théâtre. Le mauvais vouloir de quelques-uns n'est pas, ainsi qu'on a pu le penser, la cause qui éloigne en général nos professeurs de l'orchestre symphonique. Ce qui les retient ailleurs est plus raisonnable, c'est le peu de souci qu'ils ont, que tout le monde a, des emplois mal rétribués.

La Commune accorde une subvention de 21,000 f. au théâtre (1); mais combien de ces mille francs retombent-ils sur l'orchestre? —A peine le quart!—On dira, on a dit du reste : « Les musiciens ont des ressources infinies ; ils se font une position magnifique avec le Casino, la musique communale et les concerts de la Philharmonique »…. Oui, elle est belle la position qu'ils se font! C'est sans doute pour cela qu'ils fuient Boulogne tant qu'ils

---

(1) Savoir: 15,000 fr. espèce, plus l'éclairage et le chauffage évalués à 6,000 fr. environ.

peuvent. — La vérité, la voulez-vous ? C'est qu'un musicien employé dans nos divers établissements municipaux gagne en moyenne, par mois, 55 fr. Les premiers sujets, les solistes, récoltent par an un millier de francs, les exécutants secondaires ne se font pas plus de 350 à 400 fr. de revenus annuels. Les uns et les autres travaillent quatre heures par jour, en moyenne, comprenant les heures de répétition et les heures d'exécution. Ils sont payés au taux de 35 cent. l'heure, c'est-à-dire juste autant que nos ouvriers maçons. (¹)

L'on conçoit qu'il n'y ait guère que ceux qui ont déjà une position assurée qui consentent à recevoir cette somme modique pour un labeur exigeant des dérangements continuels, de longues études préparatoires et des aptitudes spéciales. L'on comprend qu'à la fin d'une journée d'écriture un simple employé de bureau accepte, comme diversion, un second emploi de musicien à l'orchestre, mais l'on ne comprendrait pas qu'un professeur de musique, fatigué d'une journée d'enseignement, acceptât de gaîté de cœur le même emploi : il faut être singulièrement pressé pour s'en accommoder longtemps.

En effet, pour celui qui considère la musique comme un accessoire à ses occupations nourricières, il peut être jusqu'à un certain point agréable de joindre à son revenu mensuel une somme ronde de 55 fr. ; il ne saurait y avoir aucun agrément, il ne saurait y avoir que déchéance professionnelle dans l'autre cas. Ce n'est pas la peine d'acquérir avec tant de fatigues des connaissances étendues, d'une difficile possession, pour se les voir marchandées à ce point.

J'entends dire qu'autrefois les appointements des musiciens n'étaient pas plus élevés et que l'on comptait cependant bon nombre de professeurs à l'orchestre. Je réponds qu'autrefois la

---

¹) Peut-être n'est-il pas inutile de faire observer au lecteur que nos musiciens de l'orchestre ne sont pas à l'abri des faillites des directeurs du théâtre. Depuis cinq ans, il s'est renouvelé trois fois qu'ils ont perdu avec ceux-ci une partie de leur salaire. Il semblerait que le cautionnement d'un directeur soit destiné à garantir la paie intégrale des appointements de nos artistes. Il paraît que non.

vie était moins difficile, moins coûteuse, moins disputée par la concurrence. Tout a doublé, excepté les salaires. Les revenus du travail étant moins assurés, il est naturel que l'on se porte du côté où la moisson est moins pénible. Glane pour glane, il vaut encore mieux pour les professeurs courir le cachet que de rester quatre heures par jour devant un pupitre d'orchestre.

Il y a quelques années, pendant la direction mémorable de M. Clément-Martin, nos musiciens, mécontents d'un tel état de choses, s'avisèrent de réclamer. Il y avait toute apparence de se voir écouté. On avait affaire à un artiste du pays, à un personnage parfaitement éclairé sur les besoins des musiciens et sur les vices de notre organisation musicale ; il y avait tout lieu de croire à une réforme prochaine, sinon radicale au moins progressive. Mais il se rencontra que M. Clément-Martin était avant tout industriel, c'est-à-dire oublieux des intérêts généraux et très-tenace sur le chapitre de ses intérêts particuliers. Au pupitre de premier violon à l'orchestre, il eût été tout le premier à se plaindre de l'insuffisance des salaires ; au cabinet de la direction, il trouva tout naturel que ses anciens confrères vécussent de l'air du temps. Les réclamants menacèrent de quitter leurs emplois ; l'ancien artiste les admira probablement en silence ; le directeur les repoussa bien haut en les menaçant à son tour de retirer aux mécontents le peu de ressources qu'ils possédaient encore ; il leur promit de les remplacer, s'ils quittaient, par des artistes pris au dehors : ces artistes devaient tenir les principaux emplois pendant la saison d'été ; on devait les remplacer pendant l'hiver par tout ce qu'on trouverait en ville de jeunes gens amateurs.

Le résultat des réclamations de nos musiciens fut tel que l'avait annoncé M. Clément-Martin. Les artistes réclamant contre l'exploitation outrée de leurs talents durent se retirer ; les artistes étrangers prirent leurs places, et ceux-ci cédèrent à leur tour la leur aux jeunes gens amateurs de la ville, aussitôt la mauvaise saison venue. L'état de chose inauguré par M. Clément-Martin subsiste encore, mais l'orchestre a perdu quelques sujets qu'on ne remplacera pas d'ici vingt ans, et encore ne les remplacera-t-on qu'en adoptant tout un système de réformes nécessitant une entente de vues qui ne saurait produire quelque effet aussi rapidement que les décisions mêmes dont il vient d'être parlé.

Je ne demanderai pas si à la suite de ces changements on a fait de meilleure musique, non; je demanderai seulement si on a réalisé quelques économies sérieuses. Je ne penche pas vers l'affirmative. Chacun sait parfaitement que les artistes du dehors sont plus exigeants de beaucoup que les artistes de la ville. Cela se conçoit. Les artistes du dehors ont des frais de déplacement que n'ont pas ceux de la commune. Il ne faut pas s'étonner qu'on soit obligé de donner à certaines premières parties d'orchestre, venues directement de Paris, quatre ou cinq fois plus qu'on ne donnait aux mêmes parties prises dans la localité ; cela s'entend on ne peut mieux. Où est alors l'économie ? Pourquoi, si l'expérience a prouvé qu'il n'y a aucun avantage pécuniaire à suivre la voie de M Clément, ne transige-t-on pas avec les artistes du pays ? Pourquoi n'accorder pas à ceux-ci ce qu'on accorde sans difficulté à ceux-là ? Il faut être aveugle, ou bien très-prévenu contre tout ce qui tient à la localité, pour répandre en dehors de la commune l'argent qu'on ménage si parcimonieusement au dedans Ainsi, l'on payera une première partie 1,500 fr. pendant la saison d'été, s'il s'agit d'un étranger, et l'on ne voudra pas entendre qu'une partie équivalente se rétribue au même taux, s'il s'agit d'un Boulonnais Nous avons des artistes au moins aussi capables que ceux qui nous viennent de Paris ; le moyen de les contenter serait de les traiter sur le même pied que leurs confrères parisiens ; ils ne demandent rien de plus, leurs prétentions ne s'élevaient même pas jusque là quand on les a repoussés, ainsi que je viens de le dire.

Demandons maintenant aux jeunes musiciens qui sont venus remplacer leurs aînés aux premiers emplois de l'orchestre, ce qu'ils feront plus tard, quand ils auront acquis quelque valeur artistique et qu'ils seront arrivés, comme mérite, à la hauteur de leurs devanciers. Consentiront-ils à recevoir les émoluments dérisoires qu'on leur donne aujourd'hui? Leur tour ne viendra-t-il pas de réclamer contre les industriels qui les exploitent? N'élèveront-ils pas leurs prétentions en même temps qu'ils rehausseront par la pratique leur importance artistique? Car enfin, on n'est pas toute la vie en apprentissage ; on ne se contente pas toujours pour prix de son labeur, d'un simple *prêt* tous les dimanches.

Rien ne tombe mieux sous le sens que ces jeunes arrivés à l'orchestre se préoccupent peu des raisons qui les ont amenés où ils sont. Ils sont dans un âge où on ne réfléchit guère. Peu leur importe s'ils ont aidé sans le savoir à ruiner une profession qu'ils embrassent à peine. Ils n'ont aucune idée de l'esprit de solidarité qui devrait unir tous les membres d'une même corporation, ils n'ont aucun soupçon de la dignité individuelle qui devrait défendre tous les travailleurs contre l'exploitation abusive de leurs talents. Mais un temps viendra où ils raisonneront enfin sur les exigences de la vie. Ils verront que la question de subsistance prime toutes les autres questions ; ils verront que si on assure quelquefois celle-là en concédant quelque chose de soi, quelque droit légitime, quelque parcelle de sa personne, un peu de sa dignité, un peu du respect que l'on se doit à soi-même, ce ne peut être que momentanément. La question de subsistance revient toujours et bien longtemps après que les forces morales et intellectuelles ont sombré dans l'abîme absorbant de l'exploitation industrielle.

Je veux bien que ce langage ne leur soit pas familier, c'est-à-dire qu'ils n'en saisissent pas tout d'abord la portée philosophique ; mais je les attends devant la nécessité de pourvoir soi-même aux charges d'une famille, à l'entretien d'une maison, à tous ces soins dont ils sont dégagés par le bon vouloir des leurs. Ce qu'ils font aujourd'hui sans rétribution sérieuse, le feront-ils alors qu'ils connaîtront tous les devoirs à la fois, les devoirs professionnels, les devoirs de famille, les devoirs sociaux?....
Alors, ils réclameront, comme l'ont fait leurs aînés, si de même qu'eux on les exploite. De même ils quitteront fièrement leurs

pupitres, décidés à vivre moins largement, mais à jouir de quelques loisirs plutôt que de donner à vil prix un temps, un travail précieux, et bien ils feront.

Ne dites pas, qu'à leur tour ils seront remplacés comme ils ont remplacé les autres et qu'il en sera éternellement ainsi pour tous ceux qui viendront après eux. Je vous crois plus de pitié pour ces hommes dépendant de votre bon vouloir peut-être ; je vous crois trop d'amour pour la justice ; vous êtes en un mot assez de votre siècle pour n'appréhender point une continuité de faits aussi peu de l'époque. L'on se souciait peu autrefois du sort des esclaves, des serfs, des manants qui ne pouvaient avoir rien en propre ; l'on prêtait peu d'attention aux doléances des travailleurs soumis à la glèbe ; en quoi pouvait-on leur être utile ? Il fallait laisser au temps le soin de faire son œuvre. Eh bien ! le temps s'est prononcé. Aujourd'hui il n'est plus permis de se montrer indifférent pour les maux du travail. On a entre les mains tous les remèdes nécessaires. Ne pas les appliquer serait plus que de la négligence, ce serait une faute qui compromettrait nos intérêts locaux.

L'orchestre du théâtre a donc été un moment l'une des nombreuses scènes où nous voyons encore aujourd'hui le pot de terre lutter contre le pot de fer. Là s'est passé, ainsi que je viens de le raconter, un de ces petits drames pleins d'angoisses qui agitent encore les ateliers du travail. D'un côté, l'industriel âpre au gain, ne tenant nul compte des besoins réels du travailleur et disposant d'ailleurs contre lui de tout ce qui manque à l'ouvrier, disposant du nerf de la vie ; de l'autre côté, l'artiste talonné par la faim, désireux d'élever honorablement les siens et voulant quand même exister de son travail et non en mourir. Le premier attend superbement que le second se décide à le nourrir de son talent ; le second attend très-humblement que le premier se décide à lui laisser une toute petite place au soleil. — Je connais cela par expérience.

Pour remédier à cet état de choses, nos musiciens ont songé à faire appel à l'autorité municipale. Quelques-uns des musiciens de l'orchestre adressèrent, je crois, un mémoire au maire de la commune. Je puis certifier avoir vu un exposé des plaintes de nos musiciens, et le tableau des réformes qu'ils demandaient pour nos diverses institutions musicales. L'exposé en question concluait à l'application de tout un système protectioniste. Les musiciens voulaient que la municipalité prît à sa charge le règlement de leurs salaires; l'orchestre devait avoir, selon eux, son chapitre au budget communal, son registre d'émargement à la mairie, et probablement aussi, son directeur communal, avec les accessoires que nous remarquons à l'école de musique.

Il est du reste ordinaire que les souffrants, les faibles, demandent l'appui des forts. La fable nous enseigne cependant tout l'abus d'une telle pratique. Les forts consentent quelquefois à protéger les faibles; mais combien n'en coûte-t-il pas toujours à ces derniers? Les musiciens ne se sont pas aperçus qu'en se mettant sous la protection de la municipalité ils se mettaient en même temps sous la discrétion du maire. Ils n'ont pas vu que la mairie décidant des appointements, disposait des places à l'orchestre; qu'elle n'en référait qu'à elle-même du choix des artistes; que s'il lui plaisait tel jour de donner les meilleurs emplois à ses protégés et de renvoyer tambour battant, tel autre jour, ceux qui pouvaient lui porter ombrage, personne n'avait rien à lui dire. Par le temps qui court, le choix des maires offre-t-il plus de sécurité pour les artistes? Assurément non. Tout au plus nos musiciens pouvaient-ils demander concurremment à leur projet de réglementation par la municipalité, le régime des concours pour les places vacantes à l'orchestre. Cette dernière condition seulement offrait quelque garantie d'impartialité et d'indépendance apparente. Dans tous les cas, ils se mettaient au rang des employés de ville, c'est-à-dire qu'ils acceptaient l'éventualité d'une révocation de par la volonté du maire de la commune.

Ce n'est pas là ce qui pourrait les conduire au libre exercice de leur profession. M. le Maire de Boulogne fit bien de repousser leurs avances. Il n'entre pas d'ailleurs dans les attributions des magistrats municipaux de réglementer les intérêts professionnels. Ces intérêts doivent être débattus entre les industriels d'une part et les travailleurs de l'autre. Personne mieux que les industriels

— 58 —

ne connaît leurs ressources, personne mieux que les travailleurs n'est apte à juger de leurs besoins. C'est donc aux deux parties de s'entendre afin de régler leurs intérêts opposés.

Il y a un moyen auquel n'ont pas encore songé nos musiciens, un moyen infaillible, qui leur a du reste été proposé par nous dans une étude sur les concerts populaires, c'est l'association. Qu'ils fondent entre eux une société régulière, qu'ils établissent un tarif raisonnable assurant à chacun d'eux des émoluments en rapport avec leurs services, qu'ils déterminent une fois pour toutes les revenus nécessaires à leurs besoins et correspondant à leurs aptitudes. Ils soumettront le tout au jugement des industriels qui les emploient, et nul doute que ceux-ci feront droit à leurs réclamations, si toutefois ces réclamations ont un caractère pratique. C'est ainsi que l'on procède aujourd'hui partout où il y a conflit d'intérêts entre les entrepreneurs et les travailleurs.

Je n'ai pas besoin de m'étendre sur les avantages de ce mode d'accommodement; ils sont connus de tous le monde. Je le répète, j'ai traité cette question plus amplement ailleurs.

Qu'il me soit permis en terminant ce chapitre de rappeler quelques observations autrefois publiées par le seul journal (1) qui se soit sérieusement occupé de musique jusqu'ici à Boulogne.

« L'organisation des orchestres du théâtre et du casino est bien plutôt dépendante de la constitution générale des autres établissements musicaux de la localité que l'effet direct de purs arrangements industriels personnels et temporaires. L'on aurait tort de penser que nos orchestres n'aient aucune relation avec nos *institutions mères* et jouissent d'une vie à part, indépendante de tout lien organique local.....

» Nous sommes encore à nous demander, à deviner, veux-je dire, ce que pourrait être un programme de réformes ayant pour but la *localisation des talents* et pour effet certain la grandeur de la province. Nos artistes, sans que nous nous en soucions beaucoup, sont toujours à la merci d'institutions sans esprit

---

(1) Voir dans la collection du *Tintamare Boulonnais*, le n° 3, 2ᵐᵉ année, 15 juin 1864.

pratique, qui les pilotent mal, et d'un industrialisme qui va partout dissolvant ce qu'il touche.....

» Si l'on nous a bien compris, ce que nous voudrions prouver, *ce que nous prouverons du reste un jour* mieux encore, c'est que l'existence et l'amélioration progressive de nos orchestres dépendent tout d'abord de la bonne administration de nos divers établissements musicaux. C'est, en effet, dans ces établissements que s'élaborent les éléments dont se composent nos orchestres. Les sociétés musicales, philharmoniques, orphéoniques, communales, etc... ne sont autre chose que des creusets où se fondent les artistes. C'est dans ces petits centres qu'ils se façonnent et prennent l'esprit, l'empreinte nécessaires à leur bonne formation, quand ils viennent enfin aboutir à ces grands centres qu'on nomme orchestre de symphonie. Enfin, les sociétés musicales sont les canaux d'où découlent les talents. »

Le lecteur est édifié sur l'esprit qui dirige nos principales sociétés de musique ; il sait comment on y pratique le *pilotage*, l'éducation des artistes ; il sait comment on y entend la localisation des talents ; il a vu quelles idées de grandeur provinciale y règne : il ne doit plus être étonné si aujourd'hui les éléments font défaut à l'orchestre ; il a saisi le pourquoi de ce qui s'y passe, il en comprend la triste signification. Je n'insisterai pas davantage. Je vais conclure.

CHAPITRE VI.

CONCLUSION.

Nous pourrions à la rigueur nous dispenser d'ajouter ce chapitre à ceux qui précèdent. Les faits que nous avons exposés parlent d'eux-mêmes. Nos critiques sont assez claires, assez directes pour être comprises. Le public ne peut ignorer ce que nous voulons. Ce que nous avons présenté comme un mal porte avec soi son enseignement et son remède. Tout lecteur intelligent pourrait donc achever dans la pensée notre travail. Mais l'usage veut qu'avant de dire le dernier mot, l'on rassemble ses forces. Il est bon, sinon indispensable, qu'au moment de se séparer l'on se résume brièvement. Je me rends à ces exigences littéraires. Il n'y aura pas d'obscurité par ma faute dans ce travail. S'il n'est n'est pas l'œuvre d'un écrivain de profession, je veux qu'on y sente la main d'un citoyen convaincu, prêt à user de toutes ses forces pour assurer le triomphe de ce qu'il croit être la vérité.

A notre point de vue, tout semble combiné pour retenir les intelligences dans un état parfait de médiocrité. L'on voudrait qu'il ne sortît rien de nos institutions musicales, on les maintiendrait pour la forme, pour faire dire de soi qu'on est civilisé, qu'il n'y paraîtrait pas plus. Au début de leur carrière, les artistes musiciens sortis des classes ouvrières, reçoivent de l'école une instruction plus prétentieuse que suffisante. L'école multiplie à plaisir des indigents de musique, des affamés de clientèle ; des artistes véritables, point. L'éducation y est entendue d'une façon anti-démocratique, anti-rationnelle. On y provoque le déclassement des travailleurs ; on leur inculque des idées, des goûts qui seront plus tard la cause de leur perte. On les jette dans une voie trop étroite pour qu'il y puissent développer leurs bons instincts. Ils y apprennent que l'art est un métier, c'est assez pour éteindre ce qu'ils ont de généreux. On les convie à l'ornement, à l'exploitation d'une ville de luxe, c'est plus qu'il ne faut pour fausser leur caractère. Au lieu de notions d'esthétique qu'il leur faudrait, ils ne recueillent à l'école que des notions d'industrialisme. On y diminue leur souffle, on les livre étiques à l'interprétation du beau ; ils entrent dans la circulation comme la monnaie de billon, vernis, mais sonnant faux. L'on s'en peut servir pour la fraude des idées,—et l'on n'y manque pas. En fait, ils ne sont bons qu'à amuser les oisifs. Ils sont incapables de s'élever plus haut. Ils ne peuvent seulement pas s'amuser eux-mêmes.

Au sortir de l'école, qu'ils soient meilleurs que l'on ait voulu les faire, qu'ils soient des exceptions à la règle, aucune institution ne s'occupe d'eux. L'on professe bien à leur égard le dédain dont on les a rendus dignes par un faux enseignement. Personne ne veut les patroner. Ils sont destinés à une carrière obscure ; l'on pousse la conscience à ne pas les en détourner. La Société Philharmonique veut bien de leur concours à deux francs par répétition et à trois francs par exécution ; pour rien elle ne veut souffrir qu'ils figurent individuellement sur ses programmes. Elle ne s'occupe même pas s'il serait possible de leur faire aimer l'art, de polir leur goût, de leur donner l'idée de la perfection au moyen d'exercices classiques, d'exécutions magistrales. Ils aident à produire cette Société, mais cette Société n'entend pas les aider à leur tour.

L'institution de la Musique Communale ne fait pas beaucoup mieux. Elle les rend meilleurs exécutants, mais elle les emploie aux mêmes fins. Ils servent sous son égide à décorer le paysage et à couvrir les bâillements des petites maîtresses. Ils apaisent, sous sa bannière, les nerfs des *cocodès*, qui leur envoyent, en échange de musique, la fumée d'une sottise paraphée d'un cigare.

Rien de grand pour eux que l'espace où se perd le vain bruit de leurs instruments. La Musique Communale les mène aux sérénades officielles, aux fêtes aristocratiques; elle les produit, moyennant salaire, dans des jardins assignés aux baigneurs et défendus au peuple; elle ne les mène jamais aux fêtes populaires. Ce fils d'ouvrier que vous voyez couvert d'une casaque municipale, et qui s'en va jouer sous le kiosque de l'Etablissement des Bains, rougirait d'égayer la noce de sa sœur, ou la fête patronale de sa corporation, ou le baptême du fils de son ami, par la moindre exécution musicale en compagnie de ses confrères. Dans un village on verrait cela, mais ce serait déshonorant dans une ville de plaisance !

Si encore ils avaient des satisfactions matérielles pour compenser les sacrifices intellectuels et moraux qu'ils sont obligés de faire ! mais non, ils meurent de faim. La Musique Communale leur donne onze écus; la Société Philharmonique un peu moins; l'orchestre du théâtre les paie à 35 centimes l'heure. Il faut avec cela qu'ils fassent figure riante, qu'ils se perfectionnent dans l'étude de l'art; il faut qu'ils soient assidus, empressés, qu'ils ne réclament pas trop, qu'ils jouent et pensent militairement. Et encore, le peu qu'ils reçoivent de la bonté du ciel, les faillites des directeurs le leur emporte souvent; ils ne sont même pas garantis par le cautionnement de ceux-ci. Ah ! ils doivent bien aimer l'art, ils doivent bien plutôt songer à défendre le bon goût que leurs intérêts personnels dans ces conditions !

Les bons s'en vont. Ils ne tiennent pas à une existence si vivement disputée. Les intelligences broyées entre une telle foule de contradictions misérables, s'affaissent vite.

Peut-on s'élever au-dessus du professorat mercantile dans ces conditions ? Ayez donc quelque talent, sentez vous donc du génie au milieu d'une telle misère de moyens d'émulation. On n'y peut même pas vivre, c'est-à-dire satisfaire son estomac, comment y pourrait-on se sentir inspiré ? Qu'elles peuvent être les idées d'élévation d'hommes auxquels la nourriture et le respect de la dignité manquent..— Un praticiat mercenaire, une position nécessiteuse, des servitudes nombreuses, l'indifférence de tous, parfois des sévérités imméritées, une suspicion sans motif raisonnable,—de là un dégoût universel, une apathie incurable. Ceux qui conservent quelque feu s'expatrient, ceux qui se sentent frappés d'inertie abandonnent l'art.

Résultat général : appauvrissement des corps de musique, dissolution lente ou rapide, latente ou patente des institutions, mécontentement de tous, recours fatal aux éléments étrangers.

Tel est en résumé la situation que nous avons exposée avec détails dans le cours de notre étude. Que faut-il faire pour en sortir ?

Réorganiser d'abord sur un nouveau plan notre école communale de musique. En supprimer—sans égard pour les besoins du système de la ville de Plaisance, qui ne saurait être que provisoire—les classes instrumentales. Faire que l'école serve uniquement, sincèrement à propager les notions élémentaires de musique. Y introduire une discipline rigoureuse quant aux heures et à la durée des cours, et au mode d'admission des élèves, afin d'éviter à l'avenir à ceux-ci une grande dépense inutile de temps précieux. Qu'il soit bien établi qu'aux aptitudes spéciales, appartenant aux classes ouvrières seulement, l'instruction musicale est donnée.

Laisser au professorat libre, laisser à l'initiative privée le soin de répandre et d'exploiter le besoin d'instruction supérieure parmi les masses. Ne plus enlever au professorat libre ses ressources positives en échange de ressources dérisoires. Qu'il ait de nombreux moyens d'existence indépendante, qu'il ne vive plus de servitudes le nourrissant mal. Déclarer ainsi que la Commune n'entend pas profiter du travail mal rétribué des siens, qu'elle ne veut ni directement ni indirectement nuire, par une concurrence quelconque, à l'activité de ses citoyens, qu'enfin elle n'autorise aucun à se croire le droit de lui réclamer l'instruction supérieure de l'art musical.

Néanmoins, fonder, à titre de don généreux de la Commune, des bourses au Conservatoire de Paris, au profit des intelligences d'élite ; ou bien, instituer, au même titre, un véritable conservatoire assis sur les bases sérieuses d'un enseignement complet, spécial, exclusif, rien que musical. Cet enseignement ne serait gratuit que pour les jeunes citoyens agréés par le Conseil municipal.

Ouvrir d'urgence un cours spécial de musique pour les jeunes filles des classes peu fortunées.

N'admettre au professorat communal que des musiciens élus au concours par un jury composé d'artistes reconnus intègres de caractère, désintéressés ou en position de l'être, d'âge mûr et de lumières étendues. Affranchir de cette manière les artistes musiciens d'une redevance de visites multipliées pour s'acquérir des recommandations. Sauvegarder la dignité de tous. Relever aux yeux du public le professorat, le relever dans sa conscience même.

Retirer aux institutions secondaires, incapables d'imprimer le moindre mouvement au pays et d'entretenir l'émulation parmi les artistes, les subventions jusqu'ici accordées en pure perte.

Provoquer chez les artistes l'esprit d'association. Les inviter à se mettre eux-mêmes à l'abri de la spéculation arbitraire des industriels entrepreneurs de spectacles et de fêtes publiques.

Renoncer enfin au protectorat personnel et à l'immixtion de la commune dans les entreprises du domaine privé. Rendre à l'initiative libre tout ce qui ressort en droit de son activité. Répartir avec impartialité, justice, les ressources communales entre les citoyens reconnus pour appartenir à la commune. Ne considérer point de préférence à ceux-ci les nouveaux domiciliés dans la commune, parce que ces derniers sont naturellement d'accomodement plus facile avec les abus ; reconnaître que cette facilité même est un danger et que cette préférence en est un autre.

En un mot, et par amplification, — appliquer consciencieusement, sans ménagement pour les petites passions et les intérêts personnels, appliquer toujours, à tout propos, quand même, les principes de liberté, d'égalité, de solidarité. Parler avec un peu moins d'admiration de ces principes et les respecter un peu plus dans la pratique.

A ces conditions, l'art reprendra son essor dans la localité boulonnaise ; nous n'aurons plus l'affligeant spectacle de l'émigration de nos meilleurs artistes ; nous ne nous verrons pas obligés de les remplacer par des musiciens étrangers auxquels nous ne devons rien, absolument rien ; les SOIXANTE-ET-UN MILLE francs que nous dépensons annuellement pour l'encouragement de la musique profiteront exclusivement aux nôtres, aux enfants du pays, à nous, en définitive ; nos institutions musicales, ramenées à leur destination véritable, rendues au culte propagateur du goût esthétique parmi les masses, redeviendront populaires, se verront de nouveau adoptées, fréquentées, honorées par le peuple; l'on songera moins à exploiter l'art comme un gagne-pain que comme un moyen d'anoblissement moral, et le professorat redeviendra ce qu'il était jadis, au bon temps de la liberté civile et de l'épanouissement de l'art, une sorte de sacerdoce uniquement pratiqué par des hommes de vocation.—Le pays ne perdra rien à ces changements, la société boulonnaise n'en sera que plus aimable ; ils nous ramèneront le temps où l'on faisait de la musique pour la musique, et où l'art était un moyen de rapprochement entre les citoyens.

Inutile d'ajouter qu'alors, mais seulement alors, cesseront les zizanies, les rivalités âpres, les luttes personnelles, le pitoyable état de médiocrité et de vulgarité enfin dans lequel nous sommes.

Nous ne nous faisons pas illusion sur le genre de succès qui attend notre programme de réformes. Il nous vaudra l'estime de quelques-uns ; l'on conviendra qu'il nous fallait quelque courage pour le publier, nous isolé, nous chétif, privé de tout autre recommandation qu'un droit de critique toujours dénié aux faibles ; l'on nous fera même l'honneur de s'entretenir de nous pendant huit jours en petit comité ; mais il ne sera pas dit un mot publiquement pour appuyer ou combattre sérieusement nos propositions. Nous connaissons le terrain : les idées généreuses y germent difficilement. Les hommes y dévorent les choses, absorbent les questions; celles-ci ne sont rien, ceux-là sont tout.

Cependant l'on voudrait bien des réformes que nous proposons. Nous savons ce que pensent les hommes spéciaux : il n'est personne parmi eux qui ne convienne de notre état de décadence. Tout le monde est d'accord sur les points principaux. Il n'est même pas probable que les abus signalés par nous n'aient pas déjà frappé les yeux de nos administrateurs. Ils ne confondent pas toujours administrer avec gouverner et régner. Leur habitude de tout juger politiquement a des moments de relâche. Ils ne sont pas toujours absorbés par leur soin coutumier de classer les citoyens par catégories de gens bien pensants et mal pensants. Ils ont quelquefois la conscience exacte de la situation ; ils en voient les difficultés, les dangers pour l'avenir ; ils savent qu'on ne saurait les éviter au moyen de simples arrêtés municipaux. Il est impossible qu'ils n'aperçoivent pas qu'ici les hommes leur échappent, que tout dans cette question musicale étant affaire d'idées, de principes, leur force matérielle est impuissante, nulle d'effet sur l'esprit des musiciens, qu'au contraire elle les indispose et les précipite dans un système de résistances auxquelles ils ne songeraient pas, si l'on n'employait avec eux que des moyens de conciliation, de paix, dignes d'hommes intelligents, les moyens qu'on employait jadis partout, avant l'application excessive du principe d'autorité dans ces grandes familles aux mœurs paisibles qu'on appelle les *Communes*.

Ah ! si l'on était sincère, si les nécessités du temps, les entraînements de situation, les précédents n'obligeaient pas les hommes en place à ménager les principes les plus opposés, les choses les moins conciliables, les hommes les moins susceptibles de s'entendre, comme l'on se mettrait à l'œuvre avec ardeur pour constituer un meilleur état de choses ! Mais nous vivons dans un temps où toute mesure hardie, rationnelle, radicale, fait pencher nos institutions jusqu'à terre. Tandis que l'on construit d'un côté, un pan de mur s'écroule de l'autre. La société ressemble à une masure. Un clou frappé résolument en ébranle les fondations. Nous n'avons pas assez d'énergie pour faire table rase des vieux monuments. La logique des faits nous épouvante. Nous acceptons les principes dans leurs prémices, nous sommes effrayés de leurs conséquences. Pour un pas en avant, nous en faisons deux en arrière. Si nous pouvions tout réformer sans rien changer, ou s'il était possible de changer quelque chose sans faire trop crier les intéressés au maintien des vieilleries, nous serions les premiers réformateurs du monde, l'application intégrale de la science n'aurait pas de plus chauds partisans que nous !

C'est la poussière, c'est le bruit, c'est la secousse qui ont lieu à la chute des corps qui causent notre effroi. Ce n'est pas la perte de ces corps mêmes. L'ordre de choses actuel, nous le sentons bien, n'est que transitoire. S'il se renouvelait pendant notre sommeil, nous en serions enchantés. Au fond nous ne demandons pas mieux que de saluer une ère nouvelle. On est toujours mal à l'aise quand on n'est pas conséquent avec soi-même. Il n'est personne qui n'aspire après le moment où l'esprit sera d'accord avec la lettre, où l'unité se fera entre le verbe et les faits, entre la parole et l'action. Qui ne souffre du chaos où nous vivons ? Qui ne fait des vœux intérieurement pour sortir de l'anarchie morale qui obstrue toutes nos pensées, embrouille toutes nos combinaisons et fait échouer nos entreprises les mieux intentionnées ?

Encore vingt-cinq ans d'un tel état. Encore un quart de siècle de lutte sourde, de trouble moral, d'hésitation, de doute, de faiblesse, de lâcheté ! Il ne faut pas moins de ce temps pour renouveler la génération actuelle. Encore des abus, des concessions, des compromissions de principes, des accommodements sans nombre. Tout ira bien quand nous aurons lassé la Providence. Elle n'interviendra dans nos affaires que quand notre impuissance sera bien démontrée. Jusque là nous pouvons impunément méconnaître la raison, contrefaire la logique, ramollir nos âmes, avilir nos caractères ; et l'art, atteint dans sa sève, peut encore descendre plus bas. La corruption du goût n'est pas assez grande. L'un et l'autre ne reverdiront qu'en renaissant de leurs cendres, comme le Phénix antique.

Nous ne nous abusons donc pas sur le résultat probable de nos efforts. La vérité ne triomphe pas si facilement. S'il suffisait qu'un citoyen courageux protestât contre les abus pour qu'ils cessassent immédiatement, le monde serait parfait. Le temps seul peut faire ce que nous avons indiqué. Attendons tout de lui.

Al. BOUDIN.

Je crois devoir remercier les personnes qui, sur un simple avis que cette étude devait paraître, se sont empressées de m'offrir leur souscription. Il est consolant de penser que l'on peut encore acquérir quelque notoriété et quelque confiance auprès du public boulonnais, sans le concours banal de la presse et des coteries à cinq ou six.

Je remercie aussi vivement les artistes musiciens, tant du dehors que de la localité, qui ont bien voulu m'aider de leurs renseignements. — Si je n'ai pas cru toujours devoir user des documents qui me sont parvenus, c'est, ainsi qu'on a pu en juger par le plan de mon travail, qu'il ne me paraissait pas convenable de m'arrêter aux questions de détails. De même pour ceux qui concernaient plus particulièrement certaines personnes. Il n'est pas nécessaire de suivre la voie commode et rebattue où pataugent la plupart de nos publicistes. Laissons les individus vivre en paix. Laissons aux écrivains grincheux, mécontents d'eux-mêmes, jaloux des autres, mécontents de tout, la pâture des caractères. Il ne nous convient pas de leur disputer cette maigre proie. Soyons tolérants en même temps que libéraux. C'est le propre des natures fausses et faibles de s'attaquer aux hommes.

L'on passionne moins aisément la foule en suivant la route des généralités; mais l'on atteint plus vite la vérité, et avec elle l'estime des honnêtes gens.

A. B.

TABLE DES MATIÈRES.

	PAGES.
Avant-propos.	
Réflexions préliminaires...	1
L'École Communale de musique.................................	8
La Société Philharmonique.......................................	24
La Musique Communale..	38
Nos Orchestres du Théâtre, du Casino et de la Société Philharmonique..	48
Conclusion...	60

BOULOGNE.
IMPRIMERIE C. LE ROY, 51, GRANDE RUE.

SE TROUVE

Chez M. SENÉ, libraire:

L'*Essai sur les Orphéons*.................... PRIX : » f. 50 c.
L'*Essai sur les Concerts populaires*.......... — 1 »
La *Question Théâtrale*.................... — 1 »

DU MÊME AUTEUR.

www.ingramcontent.com/pod-product-compliance
Lightning Source LLC
LaVergne TN
LVHW020941090426
835512LV00009B/1656